Ich wurde 1980 in Königs-Wusterhausen bei Berlin geboren. Dort wuchs ich in Wald- und Wasserreicher Umgebung auf. Da mir das Handwerk in die Wiege gelegt wurde war der Weg zum Bootsbauer nicht weit. Später kam noch der Sozialarbeiter, im Speziellen für Suchtabhängige dazu. Jedoch zog es mich in meinem Leben immer wieder auf lange Reisen mit Rucksack und Zelt hinaus. Nach längeren Aufenthalten in Canada in einem Huskykennel mit über 100 Hunden war der Sprung nach Norwegen nicht mehr weit. Dort wohne ich nun außerhalb von Hovden in Breive.

Beruflich versuche ich mir hier ein Standbein mit meiner eigenen kleinen Firma aufzubauen. In dieser produziere ich Kunsthandwerk aller Art.

www.sabrinamielke.com

Ein lieber Gruß in den Himmel.
An all meine Lieben, die Wegbegleiter meines Lebens.
Ich liebe und vermisse euch jeden Tag!

Sharon, Arthur, Sutur, Flint und Jack.

Sabrina Mielke

Wahnsinn 2.0

„Lebe lieber ungewöhnlich"

Herstellung und Verlag: BoD – Books on Demand,
Norderstedt
ISBN: 9783758363153

Inhaltsverzeichnis

Prolog

Warum? Ja, warum eigentlich? Bei meinem ersten Buch haben viele Freunde mich über 15 Jahre bearbeitet, dass ich es schreibe, dieses Mal haben sie immerhin nur 8 Jahre gebraucht. Aber sicherlich ist es auch eine Reflektion für sich selbst, über die Jahre hier, hier in Norwegen. Ein zu Auge führen was man alles Positives, aber auch Negatives erlebt hat. Ein Leben außerhalb der Norm. Was für mich persönlich schon mal sehr erstrebenswert ist. Also hier bin ich wieder und sitze in meinem „Hobbyraum", draußen schneit es, eine weitere Saison steht in den Startlöchern. Es ist Ende November und der Schnee kam dieses Jahr schon Ende Oktober und blieb. Nun sind es 10 Jahre Norwegen!!! 10 Jahre, um Himmelswillen, wo ist die Zeit geblieben? Und nun die Frage aller Fragen, geliebtes oder gehasstes Norwegen? Die Antwort finden wir am Ende des Buches.

Aber nun erstmal zu mir. Wer bin ich? Geboren wurde ich in dem alten Ostberlin und wuchs inmitten von Wald und Wasser auf. Die Natur war schon in früher Kindheit ein Rückzugsort für mich, was sich bis heute nicht geändert hat. Da mir das Handwerk in die Wiege gelegt wurde und ich in frühster Kindheit im Segelverein war, war der berufliche Werdegang zum Bootsbauer auch nicht mehr sehr verwunderlich. Später kam dann noch der soziale Ausbildungsbereich dazu, da ich über 8 Jahre in Projekten mit Suchtabhängigen arbeitete. Diese Kombination, Handwerk und Soziales, war für mich Beruflich die absolute Erfüllung. Jedoch zog es mich immer wieder in die Welt hinaus. Denn ich hatte in jungen Jahren schon einmal den Rucksack gepackt und eine Weltreise gemacht. Hatte dabei nur draußen gelebt, einfach mein Zelt aufgeschlagen, zack zuhause. Danach hatte ich über mehrere Winter in Canada im Yukon Territorium gelebt und über 100 Huskies trainiert. Was ich damit sagen will, wer einmal aus dem Normalen ausgebrochen ist, der kann nie mehr so richtig dahin zurück. Ist es also bedingungslos empfehlenswert? Nein, ABER und das ist ein großes ABER, es verändert die Sicht aufs Leben. Auf eventuell die wichtigen Dinge im Leben, das ist Ansichtssache. Man kann viele Sachen mit einem gewissen Abstand betrachten. Daher ist die Frage, ob es bedingungslos empfehlenswert ist, nicht hundertprozentig Beantwortbar. Mal ja, mal nein.

Nach der Zeit in Canada fing ich jedenfalls an meine Werkstatt Bootsbau/ Tischlerei in sozialen Projekten mit Suchtabhängigen zu leiten. Da man, wenn man einmal ein Huskyhaar eingeatmet hat, ebenfalls zu den Suchtabhängigen zählt, zogen unweigerlich nach und nach Huskies in mein Zuhause ein. Bis es erstmal ein kleines Rudel von Drei ergab. Mit diesen zog ich durch die Wälder, sie erdeten mich immer wieder und ließen mich runterfahren, wenn ich mal wieder etwas aufgewühlt vom trotz allem anspruchsvollen Job nach Hause kam.

Nach vielen Jahren in Deutschland, was fehlt einem da? Ja, natürlich Schnee! Somit hier der Sprung nach Norwegen. Es liegt noch halbwegs in der Nähe meines alten Zuhauses und es hat Berge und Schnee. Ja, und ok, ich hatte mir einen Kerl dort angelacht. Dinge die so passieren. Vorher haben meine Liebhaber immer den Winter nicht überlebt, wie ich zu sagen pflegte. Einmal Wintercamping auf einem Schlittenhunderennen und zack, tot. Naja, tot nicht, aber spurlos verschwunden. Bei dem hier, wusste ich immerhin, dass der den Winter überlebt!

Also ging es im Sommer 2013 für ein paar Probemonate nach Norwegen. Genauer gesagt nach Hovden i Setesdal. Ich sollte Arbeitstechnisch eine Tankstelle führen und ging, um es vorsichtig zu sagen, erhobenen Hauptes unter. Da ich die Sprache nicht verstand und es dort zuging, wie im Taubenschlag wollte ich abends nur noch sterben. Aber irgendwie biss ich mich da durch und scheuchte in der Freizeit meinen Kerl samt meinen Huskies die Berge hoch und runter. Der musste schließlich auf Herz und Niere getestet werden! Er überlebte alles brav lächelnd. Was soll ich sagen, er hat es nicht einfach mit einer Frau wie mich. Jetzt fehlt mir hier echt ein Emoji des „unschuldig gucken".

Immerhin hatte ich ihm von Anfang an nichts vor gemacht. Unser erstes Kennenlernen war, dass ich vor seiner Tür stand, nach einer dreiwöchigen Tour bei -20C bis unter -30C durch Schweden. Ich war also ungeduscht, sah verwüstet aus, drückte ihm meine drei Hunde in die Hand und ging erst einmal duschen! Das war die Warnung, mehr gibt es dazu nicht zu sagen!

Schlussendlich heirateten wir September 2014 und ich zog fest nach Norwegen. In der Zeit bis dahin arbeitete ich nochmal in Berlin in der Suchthilfe und versuchte mir durch Babbel, ein Sprachprogramm, soviel norwegisch wie möglich anzueignen. Dieses Programm kann ich aus meiner Sicht wärmstens empfehlen. Auch wenn einem vor Ort dann die Ohren klingeln. Denn die Norweger haben gefühlt die Dialekte erfunden. Jedes Dorf spricht hier so unterschiedlich, dass selbst Muttersprachler untereinander ein Problem haben. Hinzu kommt, dass es von vornherein zwei Grundsprachen gibt, das Bokmål und das Nynorsk. Jedes Mal, wenn ich also das Gefühl hatte, jetzt komme ich halbwegs klar und konnte mit einer Person ein halbwegs normales Gespräch führen, kam ein anderer und ich verstand nicht ein einziges Wort. Das führte zuweilen zu ziemlichem Frust. Nach 10 Jahren kann ich inzwischen recht munter die Leute vollquatschen, jedoch steht man immer wieder vor Situationen, wo man nicht ein Wort versteht. Inzwischen steht man dazu und sagt, dass man gerade, wie die Kuh vorm Tor steht. Man sieht dies selbst bei den Norwegern. Nur dieses Selbstbewusstsein muss man erst einmal bekommen, ich zumindest.

Mein Rudel

Mein geliebtes Rudel, meine Sammlung an liebevoll verrückten Therapeuten auf vier Pfoten. Denn das sind meine Hunde für mich. Egal, wie auch immer es mir geht, ob körperlich, oder psychisch angeschlagen, niemals wird man mich maulig oder zerknautscht auf einem Schlitten stehen sehen. Danach kippe ich im Zweifel tot um, aber solange ich darauf stehe, „was kostet die Welt", „was ist noch hinter dem nächsten Bergkamm". Fangen wir also mit meinen Hunden an.

Sharon, die erste im Bunde. Sie war eine hoch dominante, agile Hündin, aus Lanzarote. Dort hatte sie auf der Straße gelebt und ist dann in die Tötungsstation gekommen. Übernommen habe ich sie von „Nordische in Not". Ich wollte eine, soziale Husky Hündin. Bekommen habe ich eine Hündin die ganz genau wusste, was sie wollte und sich zu prügeln verstand. Trotz, dass ich bis zu dem Zeitpunkt schon gut 300 Huskies trainiert hatte, brachte sie mich oft an meine Grenzen. Regieren und führen tat sie ihr späteres Rudel gnadenlos, aber sicher. Sie setzte sich für ihre Jungs (Flint und Jack) gegenüber anderen bedingungslos ein. Sie behielt ihren Status als Leithündin bis zur allerletzten Sekunde. Wir fuhren damals unsere letzte Tour der Saison mit dem Schlitten und sie wusste eine weitere schafft sie nicht. An noch diesem Abend stellte sie das Fressen ein und war mit nichts mehr dazu zu bewegen. Zwei Wochen später starb sie dann. Gnadenlos bis zur letzten Sekunde, auch gegenüber sich selbst. Auch wenn es natürlich weh tut, bringt es mich zum Lächeln, sie hat es durchgezogen, ein stolzer Husky!

Flint, mein kleines Stelzentier. Er war die Seele auf Erden, um es vorneweg zu nehmen. Auch ihn hatte ich von „Nordische in Not". Er war im Zwinger mit einer anderen hoch dominanten Hündin und genau dies war der Ausschlag, dass ich ihn nahm. Mein Gedankengang war, kommt er mit ihr dort klar, kommt er auch mit meiner Sharon klar. So simpel kann das manchmal laufen. Als er zu mir kam konnte er kaum auf seinen langen Beinen stehen. Er wurde von Geburt an als Kettenhund gehalten, geschlagen und war fürchterlich abgemagert. Muskeln gab es an diesem Hund keine. So war es ein langer Weg aus ihm wieder einen fitten Hund zu machen. Zudem hatte er vier gebrochene Wirbel in der Mitte des Rückens, was ihn nicht davon abhielt mit mir etliche Meistertitel einzufahren. Dies war zwar nie meine Intension, aber machte mich natürlich stolz wie Bolle. Später war er am Schlitten mein Leithund, auch wenn er im Rudel selbst das letzte Licht war. Er führte sicher und mit Präzision das Gespann durch jedes Gebirge und jede Widrigkeit. Ich konnte ihm mit meinem 6er Gespann bedingungslos Vertrauen! Er hat mich an Stärke lernen lassen und tut dies noch immer, auch wenn er schon lange nicht mehr bei mir ist. Ihm werde ich später noch ein eigenes Kapitel widmen. Denn dies hat er verdient. Er lief ebenfalls bis zum Schluss und als er eines Morgens nicht mehr aufstand, wusste ich, dass es Zeit ist, ihn gehen zu lassen. Mein Seelentier!

Jack, und die Fortsetzung des, ich stehe scheinbar auf dominante herausfordernde Huskies. Ein weiterer Hund von „Nordische in Not", dieser wurde aber in diesem Fall dort abgegeben. Da dieser fröhliche rotbraune 10 Monate alte Flegel so ziemlich alles machte, nur nicht das, was er sollte. Das ganze dann auch noch mit grenzenloser Selbstüberschätzung. Aber sagt man nicht bei allen rotbraunen, dass sie leicht einen im Hirn haben…Ich wage schon mal vorneweg zu sagen, ich habe inzwischen noch zwei rotbraune und ja, sie sind speziell. Aber zurück zu Jack, was habe ich mich mit diesem Hund gekloppt. Meine Güte. Er neigte nämlich wie Sharon dazu erst einmal draufzuschlagen, dann nachzufragen. In seinem Fall, draufschlagen, dann nachdenken, mit Unschuldsblick selbstverständlich! Mit den Dreien lernte ich den Waldboden auf ganz neue Weise kennen. Auf dem Hintern, Bäuchlings, oder ich klammerte mich wahlweise an Bäume. Dies allerdings immer dank freilaufender Hunde die von irgendwo angeschossen kamen. Ich will nicht meckern, aber alle Stunts entstanden immer genau aus solchen Situationen. Jack neigte aber, wie gesagt, auch zu Übersprungshandlungen. Eine von denen war, dass ich mit einem Freund Pizza aß und Flint um die Ecke kam, daraufhin nahm Jack ihn mal wieder Maß. Ich machte einen Sprung über das Sofa und holte Jack von Flint. Danach aß ich gemütlich weiter. Mein damaliger Freund, dezent in Starre, meinte nur ich solle ihn daran erinnern, dass er sich nie mit mir anlegen solle. Trotz allem, oder vielleicht auch genau deshalb, liebt man seine kleinen Arschloch-Hunde. Man baut eine besondere Beziehung zu ihnen auf. Er war an meiner Seite bis zum letzten Herbst. Er war ein stolzer, kraftvoller und würdevoller Husky. Er lief ebenfalls im Gespann bis zum Schluss und genoss den letzten Sommer bis zum Herbst. Dann musste ich ihn gehen lassen, aber in unendlicher Dankbarkeit konnte ich es für ihn ganz speziell machen. In der höchsten Würde, die möglich ist. Ja, es hat mir ebenfalls das Herz gebrochen, doch kann ich bei jedem meiner Tiere, meiner Kinder, sagen, es war genau richtig, der Weg und der Zeitpunkt. Über Jack später nochmal mehr.

Arthur und Sutur, über diese beiden kann ich von der Vorgeschichte gar nicht mal so viel sagen. Sie sind aus Spitzbergen und ein Freund aus Hovden, der damals dort arbeitete, nahm die beiden Brüder mit nach Hause. Beide waren also nicht meine eigenen Hunde, jedoch sind sie in meinem Herzen, wie meine eigenen. Sie waren ihre beiden letzten Lebensjahre die gesamte Wintersaison mit in meinem Gespann, lebten aber in ihrem Zuhause. Mit ihnen bezwang ich so manchen Sturm. Sie waren beinharte Burschen, auf die ich mich jederzeit verlassen konnte. Arthur führte mit Flint zusammen das Gespann. Ich habe selten so hart arbeitende, zuverlässige Hunde gesehen. Einmal geriet ich auch in eine Situation, wo ich mich mitten auf einem Fluss befand, und umdrehen keine Option mehr war. Ich war umgeben von Wasserlöchern und es war aus meiner Position nicht zu erkennen, welche Passage möglich war, oder welche Schneebrücke stabil genug war. Jedoch wusste ich, dass ich mich blind auf Flint und Arthur und ihre Instinkte verlassen konnte. So schwieg ich und ließ sie den sicheren Zickzack-Kurs finden. Sie machten es großartig! Dies ist nur eine Geschichte von vielen, was ein guter Leithund bedeutet und wie man sich blind vertrauen können muss. Dies führt zu einer sehr speziellen Bindung zwischen dem Musher (Hundeschlittenführer) und seinem Leithund(en). Beide liefen, bis sie unglaubliche 15 Jahre alt waren in meinem Gespann und mussten dann im darauffolgenden Sommer erlöst werden. Arthur hatte einen großen Hirntumor entwickelt.

Ylva, meine kleine Minimaus. Sie bekam ich von einem Musher aus der Sprinthunde Zucht. Allerdings war sie ein spezielles Kind. Sie war im Wurf extrem zurückgeblieben und ich bekam den Welpen, mit dem Spitznamen Püppi nur, weil er wusste, dass ich den Hund aufgepäppelt bekommen würde. Sie wog mit 12 Wochen gerade mal 3,2kg. Dies sollte aber eigentlich mehr als das doppelte sein. Sie kam aus Deutschland zog aber direkt nach Norwegen um. Was soll ich sagen, eine ordentliche „Diät" mit Lemmingen ala Norge und die kleine Ylva wurde zu einer übers Maß großen Hündin. Sie ist die ruhigste im Rudel, jedoch hat sie die Rudelchefinposition nach dem Tod von Sharon übernommen. Dies macht sie mit Ruhe und ohne Gewalt. Ein Traum, allerdings als Schlittenhund wurde sie nicht geboren! Im Gespann findet sie das Leben außerordentlich Scheiße und treibt mich damit regelmäßig in den Wahnsinn. So und immer wieder so spielt es sich ab: Wir fahren, alle laufen gleichmäßig und sauber, außer eine, Ylva. Sie stolpert vor sich hin, stranguliert sich halb, bremst das Team aus und das egal in welcher Position sie läuft. Bis ich aufgebe und sie ausspanne. Dann kann sie auf einmal freilaufen wie ein Wirbelwind, rennt am Team vorbei, macht Blödsinn und ich gebe kleine Rauchwölkchen aus den Ohren ab. Gut, nun könnte man sagen lass sie dann halt aus dem Gespann. Der Witz ist aber, machen wir Pause und sie ist im Gespann, na ratet, mal wer am lautesten brüllt, damit es weiter geht. Alle stehen entspannt und sie springt wild in ihr Geschirr. Regelmäßig hat sie so schon den Schneeanker rausgerissen und ich musste den an mir vorbeischießenden Schlitten fangen. Ich habe mir alles verrissen, wurde am Schlitten hängend hinterher geschliffen und so weiter, dank ihr. Man muss sie einfach lieben diese kleinen Monster! Inzwischen ist sie die älteste im Rudel, aber ich hoffe das sie noch lange an meiner Seite bleibt.

Fenja, mein kleiner Schatten. Sie passt auf jeden meiner Schritte auf. Sie ist der letzte Hund, den ich im Moment aus Deutschland habe. Kommen tut sie von einem Gnadenhof auf dem Tiere aller Art lebten. Aus ihrem Wurf waren nur noch zwei Welpen dort als ich hinfuhr und eigentlich hatte ich mich für ihre Schwester entschieden. Wobei sich beide nicht unterschieden. Nachdem wir die Papiere fertig gemacht hatten, nahm ich spontan sie mit. Zum dank pisste mir die Maus erstmal dreimal auf den Schoss auf dem Weg nach Hause. Auch so blieb sie das erste dreiviertel Jahr eine kleine Pissnelke. Denn beim Gassi war das Leben viel zu spannend, erst zurück im Haus hatte man die Ruhe zum Pullern. Fenja beobachtet jeden meiner Schritte, daher kann ich diesen Hund ohne Probleme ableinen. Mit ihr kann ich dadurch wunderbar kleine Wanderungen und Lagerfeuerausflüge machen, da ich mich vollkommen auf sie verlassen kann. Bei ihr brauchte ich nach einer langen Hormonbehandlung und der ersten Einsetzung der Eizelle keinen Schwangerschaftstest. Sie war mein

Doktorfrosch, sie zeigte mir ganz genau an, dass mein Bauch bewohnt war.

Mona, was soll ich zu diesem Clown sagen. Sie hat die lebenslustige Seele von Flint übernommen. Sieht nur Schmetterlinge und bunte Wolken. Sie ist die gute Seele im Gespann, motiviert und sorgt sich. Quietscht ein Hund vor Schmerzen auf ist Mona sofort zur Stelle und schnüffelt den ganzen Hund von oben bis unten ab. Sie wird die Welt nie im Ganzen verstehen, aber ist zeitgleich mein fröhlicher Leithund. Beziehungsweise die, die präzise das umsetzt, was meine andere Leithündin bestimmt. Somit absolut Goldwert! Ein Husky, der aber auch mit vollem Körpereinsatz kuschelt, im Bett am liebsten quer über einem drüber liegt und von diesem Platz dann auch nicht mehr wegrückt.

Vinga, ein unvergleichlicher Hund. Sie ist so ein kleiner zarter Hund, mit dem Willen eines Ochsen. Von Anfang an war sie auf eigenen Wegen unterwegs. Schon als Welpe mit scheinbar ganz großen Plänen. Konnte ich alle Welpen bis zu einem bestimmten Alter ohne Probleme freilaufen lassen, zeigte mir dieser Welpe die Mittelkralle und zog davon! Da sie von Fressen jeglicher Art nichts hält, war sie dann auch mit nichts mehr zu locken.
Allerdings hat sie diesen besonderen Biss. Trotz ihrer Zartheit führt sie das Gespann unerbittlich. Hatten die anderen fünf Angst vor einer Passage, dann war ihre Antwort darauf, nehmt eure vier Pfoten in die Hand und lauft gefälligst... Sie zog sie über alles, komme was wolle! Sie entwickelte ebenfalls wie Flint und Arthur zuvor das Gespür für den besten Weg. Sie findet in jedem Wetter den Trail und bringt alle Sicher nach Hause. Ihr kann ich zu jeder Zeit den Befehl erteilen das Gespann zu wenden und zurückzulaufen. Auch wenn wir schon seit Stunden im Team mit einer Rentierherde laufen und alle anderen Hunde viel lieber weiter denen hinterher möchten.

Freya, die rotbraune Mädchenvariante des Wahnsinns. Noch bist du ein junges Ding und wir starten gerade mal in die dritte Saison zusammen. Du bist eigentlich eine recht unauffällige Hündin. Gutmütig mit allen, bis auf mit Fenja verstehst du dich mit allen. Ihr beiden seid permanent am gockeln und eifersüchtig aufeinander. Als dein Wurf auf die Welt kam war ich gespannt, welchen ich von der Züchterin bekomme. Von ihr hatte ich zuvor schon Vinga. Mein Gedanke war bloß nicht die eine rote. Oh jipi, es wurde die Rote und du bist genau die Richtige für mich und mein Chaosrudel. Ich hoffe mit dir noch ganz viele Abenteuer erleben zu können, in den unendlichen Weiten der Berge.

Baldur, und damit die Fortsetzung, keinen roten, bitte keinen roten. Wieder hatte meine Züchterin einen Wurf und ja ein roter Rüde war mit bei. Er war der, der schon im Wurf den meisten Blödsinn anrichtete und ja genau du wurdest mir in den Arm gedrückt. Mit den Worten der Züchterin, wenn dann kommst nur du mit dem Kerl klar und deine Weiber werden ihn schon erziehen. Also zog der optische Zwilling von Freya bei uns ein, die von der ersten Minute an die Mutterrolle für ihn übernahm. Im Augenblick bist du gerade einmal anderthalb Jahre alt und man möchte dich mindestens 3-mal am Tag ungespitzt in den gefrorenen Boden rammen. Dieses Alter ist so, so schön. Erst recht mit einem einzelnen Rüden im Weiberrudel. Bei ihnen hat er natürlich nix zu pfeifen, dafür versuchst du umso mehr den Macker gegenüber anderen zu markieren. Doch bist du auch so eine kuschelige Rumsrübe, mein Kasper.

Sharon

Flint

Jack

Arthur

Sutur

Ylva

Fenja

Mona

Vinga

Freya

Baldur

Entspannte Bande

Touren

Wo fang ich da nur an? Inzwischen stehe ich seit über 20 Jahren auf dem Schlitten. Da hier die Schlittensaison von November bis in den Mai geht, sind das viele Tage und Stunden, die ich auf den Kufen zugebracht habe. Zuvor fange ich auch schon mit dem Quad an zu trainieren. Hat es seinen Reiz verloren? Nein, nicht im Geringsten. Nach jeder langen Saison stehe ich bei den letzten Touren auf dem Schlitten und betrauere das Ende der Saison. Dabei ist diese hier wirklich nicht kurz und alle brauchen eine Sommerpause.

Somit finde ich mich immer kurz nach der Saison wieder das ich Fotos zurecht schneide und sie rahme, um das ganze Haus komplett damit zuzupflastern. Sie erinnern mich an die Abenteuer und halten die Sehnsucht immer am Glühen. Sehe ich Videos von meinem Gespann, oder auch von anderen, kribbelt es im ganzen Körper. Schlimmer als die stärkste Droge. Ich muss vorneweg nehmen, dass ich eigentlich körperlich kaum mehr dazu in der Lage bin, jedoch hält es mich gleichzeitig körperlich, sowie psychisch oben. Dazu muss ich etwas ausholen. Ich habe seit frühster Jugend starke Schlafprobleme. Das heißt wenn ich mal eine Nacht drei Stunden schlafe, war das eine spitzen Nacht. Viele Nächte liege ich völlig wach. Seit ungefähr fünfzehn Jahren kommt Fibromyalgie dazu. Als kurze Erklärung. Dies ist eine chronische Erkrankung des zentralen Nervensystems, die sich in ihrem Ausmaß und Stärke bei jedem unterscheidet. Das, was aber in erster Linie ist, sind starke Schmerzen im gesamten Körper. Hinzu kommen sogenannte Fibroschübe, die einen so ziemlich Niederstrecken können. Das geht bei mir zuweilen soweit das ich kaum in der Lage bin vor Schmerzen auf die Toilette zu gehen. Somit musste ich früh lernen mich einzuschränken, anzupassen, aber auch mal den Mittelfinger hochzustrecken und das zu machen, wo man weiß, dass der Körper danach einen dafür hassen und bezahlen lassen wird! Ich musste mich damit auseinandersetzen, was in meinem Leben oberste Priorität hat. Was steht oben, was kann ich streichen, um dies zu erhalten. Klingt ganz einfach, ist aber scheiße schwer, um das mal deutlich zu sagen. Es führt zu Frust und so mancher Depression. Gerade, wenn man so ein freiheitsliebender aktiver Mensch ist, wie ich. Viele wissen nicht mal das ich krank bin. Es ist halt eine unsichtbare Krankheit, was es in der Akzeptanz um so schwerer macht. Sie sehen nur die Bilder, wie ich lächelnd durchs Gebirge fahre, die perfekte Illusion der Wirklichkeit. Wer fotografiert sich, wenn er aussieht wie ein Zombie? Wenn er heulend im Bett, davor oder dahinter liegt? Macht doch keiner freiwillig!

Dazu kommt noch, dass ich immer, und zwar wirklich immer auf einem Schlitten lächeln werde. Hormone sei Dank! Meine Hunde geben mir die Freiheit, die ich ohne sie nicht mehr hätte. Ich kann nicht mehr wie früher monatelang, stundenlang mit dem Rucksack durch die Wildnis ziehen. Aber mit meinen Hunden auf dem Schlitten! Nicht das dies nicht körperlich anstrengend ist, aber irgendwie packe ich das noch am besten. Mit meinen Hunden kann ich noch Ich sein. Meine Therapeuten auf vier Pfoten. Wenn ich auf dem Schlitten stehe, ist mein Kopf frei, da kann die Welt untergehen. Ich bin körperlich und psychisch quasi in einer Blase. Eine Blase die mich beschützt. In ihr fahre ich dann noch über den nächsten Bergkamm und den übernächsten und überübernächsten.

Bis ich zurück zu Hause, oder dem Auto bin. Dann kann man quasi zusehen, wie mein Körper in ganz viele kleine Stücke zerbröselt. Was hatte ich schon Probleme meine Hunde und den Schlitten noch zu verladen. Aber was soll ich sagen, es ist jeden Zusammenbruch im übertragenen Sinne wert.

Da wären wir wieder am Anfang des Buches mit der Aussage, wer einmal ein Huskyhaar eingeatmet hat, der ist der Sucht verfallen. Stärker als jede Droge!

Blindes Vertrauen in die Leithunde.

Als ich hier in Norwegen langsam eine Hundeanzahl erreichte, die einem Gespann entsprach, legte ich mir ein anderes System an Zugleinen zu. Hier ist die Zentralleine in der Mitte ein Plastikummanteltes Stahlseil. Dies hat den unschlagbaren Vorteil das die Hunde sich dies nicht um die Beine wickeln können. Sicherlich sollte man durch die Bremse die Zentralleine immer auf Zug halten, aber da ich hier immer im Gelände fahre und man hier jederzeit in Senken, Bäche, Moore und Co einbricht, kann man dies nicht immer gewährleisten. So konnten wir sicher in all unsere Abenteuer starten. Mein Wahnsinns-Geheimnis meines Trainings besteht darin, ein Tag Training, ein Tag Pause. Natürlich fange ich im Herbst sachte an und trainiere kurze Strecken mit schwerem Gewicht. Das heißt sie laufen am Quad. Dies schafft mir eine gute Muskelgrundlage für die Saison. Wenn wir uns mal wieder durch den so geliebten Tiefschnee wühlen und uns ernsthaft fragen, was wir eigentlich daran so großartig finden. Wenn ich meine Lunge fast ausspucke und innerlich eine Menge Schimpfwörter von mir lasse. Hier gibt es nur selten bis keine Scooterspur. Nur beruflich und mit Sondergenehmigung darf man hier Scooter fahren. Das macht das ganze zum einen sicherer, weil einem nicht ein irrer Scooterfahrer ins Gespann fahren kann, zum anderen hat man halt selten eine Spur.

Aber es macht uns alle stark für das Frühjahr. Wenn sich der Schnee gesetzt hat und man fast lautlos über den Schnee gleiten kann. Nur das hecheln der Hunde und die endlose Stille der Berge. Das Gefühl, das man ganz klein auf dieser Welt ist und sich doch so riesengroß gerade fühlt. Dafür und genau dafür, macht man es immer wieder!

Eine Textpassage im Gedicht „Der Zauber des Yukon" beschreibt es sehr schön.

So rau und spröde, wie ich´s nie anders sah.
Bewacht von gewaltigen Bergen
und Tälern, so still wie der Tod.
Dies unendlich weite Land dort,
die Wälder, in denen Ruhe ich fand,
die Schönheit erfüllt mich mit Staunen
und Stille, die Frieden mir bringt.

Diese Passage begleitet mich seit meiner Weltreise in frühster Jugend. Immer und immer wieder schwirrt sie mir im Kopf herum und lässt mich still werden. Jedoch kann man das, was man fühlt, so schwer in Worte fassen. So war es ein großer Herzenswunsch von mir das meine Eltern wenigstens einmal auf dem Schlitten stehen. Da das ganze schließlich das Leben ihres Kindes so stark bestimmt.

Mama und Papa auf dem Schlitten

Ab und an schafften es meine Eltern mal hier hoch in den Norden. Dann aber immer getrennt voneinander. Einer passt immer aufs Haus zuhause auf. Zudem hatte ich getrennt viel mehr von ihnen. Mama muss ich dazu erwähnen hat eigentlich einen Heidenrespekt vor Hunden und kriegt dann so eine hundeverrückte Tochter wie mich. Aber was soll ich sagen, sie hat die Bande vollkommen im Griff. Sie war auch die, die von meinen Eltern als erstes auf dem Schlitten stand.

Aber fangen wir von vorne an. Das damalige Gespann bestand aus, Flint, Arthur, Sutur, Ylva, Fenja und Jack. Die erste Runde mit Mama sollte durch das Gebiet Lislevatn gehen. Dazu bekam ich sie aus dem Grund überredet, da dies auch die Strecke war, die damals die letzte Tour von Sharon war. Also alle Hunde eingepackt und los ging es. Auf der Runde sollte meine Mama erstmal nur im Schlitten sitzen. Dies macht zwar Spaß, ist aber auch auf Dauer echt kalt. Zudem hat man einen recht tiefen Sichtpunkt und so meinte sie ich hätte sie bei der Überquerung eines kleinen Dammes doch fast ins Wasser gekippt. War natürlich ein Scherz, aber sie beschwerte sich abends auch noch bei Jan über den versuchten „Mordanschlag". Alle lachten! Zu Lislevatn gibt es noch eine weitere Geschichte, die ich jetzt einfach mal mit hier einfüge. Lislevatn ist ein flaches Gelände was langsam, aber stetig zum Nos hinaufsteigt. Es ist verhältnismäßig übersichtlich, aber mit sehr vielen Büschen und Gestrüpp am Anfang gespickt. Als ich eines Tages dort hinunterfuhr, um zum Startpunkt zurückzukommen, passierte mir das, was man am besten gefilmt hätte. An einem Schlitten befinden sich hinten eine Krallenbremse zum stärkeren abbremsten, oder anhalten, und eine Bremsmatte. Diese liegt unten auf dem Schnee auf. Mit dieser kann man leichter abbremsen und auch leichte Richtungskorrekturen vornehmen. Diese wurde mir bei der Abfahrt aber zum Verhängnis! Wie ich also so hinunterfuhr, guckte irgendwo ein kleines Stück Holz (Gestrüpp) aus dem Schnee woran sich die Bremsmatte einhakte. Von einer schnellen Abfahrt wurde ich mit einem Ruck gestoppt und schlug einen sauberen Salto über die Haltestange. Brav mit einem Arm festhaltend fand ich mich im Schlitten sitzend wieder. Die Hunde guckten mich verständnislos an, über meine merkwürdige Fahrweise.

Ich fuhr noch die restliche Saison, 3 Monate, zu Ende, bevor ich zum Arzt ging. Mein Arm war in Mitleidenschaft gezogen worden, allerdings hatte ich mir beim Salto auch zwei Wirbel im unteren Rücken zerknautscht. Die mögen mich bis heute nicht! So viel einmal nebenbei zum Thema „so doof kann es laufen"!!!

Die zweite Runde sollte höher hinaus gehen, weil ich meiner Mama noch das richtige Hochgebirge zeigen wollte. Also ab zum Auversvatn. Als wir schon den größten Teil des Anstieges hinter uns hatten wurde es meiner Mama langsam empfindlich kalt. Also stoppte ich und sagte in voller Inbrunst, die keine Widerrede tolerierte, sie solle aufstehen und den Schlitten fahren, dann wird ihr wieder warm. Meine Mama, die eine Heidenangst hatte, fügte sich ihrem Schicksal, da ich wohl recht bestimmt geklungen habe.

Zum Dank fand sie das Fahren mit dem Schlitten dann so toll, dass sie mich im Gebirge stehen ließ und davonzog. Zack da hatte sie doch mit einem Mal verdammt viel Lebensfreude und pedalte zur Hilfe noch munter mit. Meiner einer wie blöde hinterher joggend…DANKE Mama. Ich freute mich natürlich und sie war am Schluss sehr stolz auf sich selbst und ich auf sie!

Als mein Papa zu uns kam lebten Arthur und Sutur nicht mehr, dafür war Mona bei uns eingezogen. Mit Papa sollte es zum Mjåvatn gehen. Da Papa seit frühster Jugend leidenschaftlicher Amateurfunker ist, musste natürlich ein Foto von einer Minifunkstation auf dem Hundeschlitten gemacht werden. Wer kann, der kann!

So konnten doch mal Papa mit Tochter zusammen ihrer Leidenschaft frönen. Ich war unglaublich froh ihn auch einmal auf dem Schlitten zu sehen. Es war dazu einer der letzten Touren von Flint, meinem geliebten Flint. Meine Eltern müssen wohl als Fazit mit einer ganz schön verrückten Tochter leben.

Meine Mama.

Mein Papa.

Meine besondere Tierärztin

Da mich nun schon 20 Jahre lang eigene Hunde in meinem Leben begleiten, bleibt es nicht aus das man einen Tierarzt braucht und sei es nur zu den Impfungen. Ich habe eine, in meinen Augen, weltbeste Tierärztin an meiner Seite! Ich würde mich, ohne mit der Wimper zu zucken, selbst auf ihren Tisch legen. Sie begleitet mich nun schon fast von der ersten Minute an und vor allem sieht sie das Ganze. Sie sieht nicht nur den Hund vor sich, sie sieht, was meine Hunde leisten, zu was sie bestimmt sind. Sie setzt sich jederzeit für eine angemessene Behandlung ein, was der Personalität des Hundes entspricht. Was ich jetzt kompliziert versucht habe auszudrücken, heißt, selbst wenn man aus ärztlicher Sicht in manchen Fällen einen NORMALEN Hund auf das Sofa setzen würde, weiß sie, dass sie einen Husky dazu nicht unbedingt verdammen kann. Sie tut alles, damit wir dem entsprechenden Charakter gerecht werden! Ich bin ihr unendlich dankbar.

Hinzu kommt, dass sie weiß, dass ich zum einen auch schon in Canada in der Wildnis viel an den Huskies medizinisch machen musste und, zum anderen jetzt auch wieder „hinter den sieben Bergen" wohne. Das heißt, ich muss einfach auch mal selbst Hand anlegen können! Sie versucht mir immer viel zu erklären und zu zeigen und schenkt mir damit auch ihr Vertrauen.

Aber nicht nur, dass ich sie sehe, wenn ich bei ihr bin, nein sie ist mir auch schon in den hohen Norden gefolgt. Damals in der letzten Saison von Flint. Sie kam mit ihrer Mama und die Tage wurden verrückt lustig mit ihnen. Allerdings hatte ihre Mama recht früh im Urlaub einen Skiunfall, so dass sie leider ziemlich ausgeschaltet war. So war die Hauptbeschäftigung ihrer Mama dann das Kuscheln mit den Hunden auf dem Sofa. Eine wichtige, verantwortungsvolle Aufgabe, wie meine Hunde finden!

Bevor sie aber wieder nach Hause fuhren, machten wir zwei wunderbare Touren miteinander. Die eine ging über den Mjåvatn hinauf zu Sloaros. Das ist ein ziemlich heftiger Anstieg und im gesamten eine Tagestour. Respekt, dass sie so tapfer durchhielt! Das war eine der letzten Touren mit Flint, meinem Seelenhund, an diesem Tag auch das erste Mal unter Schmerzmitteln. Die setzte ich aber nur noch bei den letzten Runden ein, um ihm seine Freude zu erhalten. Er war nämlich ein Hund, den man unter keinen Umständen zuhause lassen konnte. Er hätte einen Herzkasper bekommen! Seit damals hat es sich bei meiner Tierärztin und mir und eingebürgert, dass wir zu Schmerzmitteln „Blümchentabletten" sagen, denn Flint strahlte bis über beide Ohren.

In der Pause hatte er noch Kraft zum Spielen.

Bevor sie dann aber wieder nach Hause aufbrachen, bekam natürlich auch sie die Möglichkeit einmal das Gespann zu fahren. Diese Tour führte ein wenig mehr Talwärts durch den Wald in Hoslemo. Was hatten wir für einen Spaß.

Flint mein Seelenhund

Nun ein eigenes Kapitel zu dem wohl stärksten Hund der Welt. Bekommen habe ich ihn allerdings als ein Häufchen Elend. Ein dürrer Hund auf langen Beinen, die er kaum kontrollieren konnte, da ihm die Muskulatur dafür fehlte. Aus seinem Blick sprach die Traurigkeit der Welt, wie eine schwere Last, die ihn erdrückte. Zu mir kam er als Zweithund zu Sharon, die ihn am Anfang nicht eines Blickes würdigte. Bis nach einer Begegnung im Wald, mit einem anderen Hund, eigentlich einem Rüden den Sharon mochte. Der griff aber nun Flint als Rüden an und das konnte Sharon nicht auf sich sitzen lassen. Für sie galt, wenn einer Flint zusammen niest, dann bin ich das, Basta! Ab diesem Augenblick gehörte Flint an ihre Seite.

Bei Flint musste ich viel Zeit investieren, um ihn wieder halbwegs aufzubauen, jedoch mit langen Spaziergängen, ein paar zusätzlichen Käuterchen und kurzen Runden mit dem Fahrrad, wurde er zu einem richtig schönen Rüden. Jedoch mit riesigen Ängsten. Das erste halbe Jahr war es unmöglich durchgängig zugängig Wassernäpfe stehen zu haben. Denn er trank mit einem Mal beide aus, in der Angst es könnte danach lange nichts mehr geben. Entsprechend oft lief die Menge an Wasser zeitgleich wieder hinten aus ihm raus. Auch als er schon ziemlich gut seine Blase zu kontrollieren gelernt hatte, passierte es oft, dass er pullerte, während wir uns anzogen. Dann stand er vor der Tür und guckte selbst vollkommen schockiert, dass es ja schon lief. Er guckte zeitgleich panisch, hatte er Angst Ärger zu bekommen. Das hat er aber nie und nach einem halben Jahr waren wir mit diesem Problem auch durch. Was aber immer blieb, war seine Angst, dass ich ihn verlassen könnte. Er war so ein liebenswerter Husky, mit der Seele eines Ponys auf Droge. Er sah, egal wo, wohl nur fliegende Gummibärchen und das machte ihn so besonders.

Mit ihm und Sharon fuhr ich dann mein erstes Rennen in

Deutschland. Dies war im Frühjahr am Frauensee. Ich weiß bis heute, wie er beim Rennen zeitgleich den Schmetterlingen hinterherschaute und hüpfte wie ein kleines Rehkitz. Ich muss bis heute über dieses Bild lachen.

Mit ihm, Sharon und Jack, machte ich viele Reisen. Zuweilen über mehrere Monate im Zelt durch Skandinavien. Dies schweißte uns felsenfest zusammen. Wir alle gegen den Rest der Welt!

Sie schliefen immer mit mir im Zelt und sie waren meine Dreier Gang. Was aber auch nach Wochen, Monaten des Reisens blieb, standen wir auf und ich band ihn mit den anderen an einen Baum, um das Zelt abzubauen, schrie er die Gegend zusammen in der Angst ich könnte ihn dort angebunden verlassen. Zuhause konnte ich ihn ohne Probleme lassen, jedoch überall anders hatte er Angst. Das ging so weit, dass er einmal fast einen Herzkasper bekam. Ich hatte ihn zu dem Zeitpunkt schon viele Jahre und half mit Jan zusammen bei „Nordische in Not". Wir waren die Urlaubsvertretung damit die Besitzer auch mal in die Ferien konnten. Er kam Tagsüber in einen Zwinger mit Sharon, Jack und Ylva, war also mit seinem Rudel zusammen und sah mich zwischendurch auch immer wieder. Einen Abend hat er sich aber so sehr reingesteigert, dass er am ganzen Körper zitternd, speichelnd, panisch im Zwinger stand. Sein Herz schlug ihm bis zum Hals. Ich brauchte eine halbe Stunde, um ihn wieder zu beruhigen. Ich hielt ihn fest umschlungen, mein armer Junge.

Er war der Sonnenschein der Truppe, der immer bunte Regenbögen sah, das war einfach seine Natur. Er war der, der immer die Wärme vorzog, was natürlich leider wegen seinen Schmerzen war. Er lag im Sommer mitten in der Sonne und schleppte sich mit letzter Kraft immer in den Schatten kurz bevor er zum Brathündchen wurde.

Er war mit Arthur später ein so großartiger Leithund, ich konnte beiden bedingungslos Vertrauen. Jedoch baute er in den letzten Jahren körperlich wieder ab. Manchmal stand er auf oder machte eine bestimmte Bewegung, was eine Blockade im Hals auslöste. Dann konnte er Stundenlang nicht mehr richtig geradeaus gucken. Ein Jahr bevor er starb, machten wir ein komplettes MRT bei ihm. Was zu einem Schock, Verwunderung und Bewunderung führte. Ja, ich wusste das es ihm nicht gut ging, aber ich werde nie vergessen, wie der Arzt aus dem MRT kam, um mir mitzuteilen das Flint eigentlich nicht eine einzige Bandscheibe mehr am richtigen Platz hatte und zudem keinerlei Muskulatur mehr besaß. Rein technisch gesehen dürfte der Hund nicht mehr in der Lage sein zu stehen. Wie er dies augenscheinlich aber tat war uns allen ein Rätsel.

Die Empfehlung war ihn quasi in einer Box zu halten und nur noch direkt vor die Tür zu führen zum Pullern. Das ist aber, meines Erachtens, Lebensunwürdig und im speziellen Fall von Flint garnicht durchführbar. Hinzu kam, dass er ja nach wie vor den unbändigen Willen zum Laufen hatte. Was tut man also in dem Fall? Respektiert man die Persönlichkeit des Hundes, die sagt, ich will dabei sein, komme was da wolle oder verdammt man einen Hund, der sein Leben lang als Arbeitshund gearbeitet hat, aufs Sofa, um ihn vielleicht ein halbes Jahr länger an seiner Seite zu haben? Hinzu kam, dass der Kerl eine Herzkasper bekommen hätte. Also stand ganz klar für mich und meine Tierärztin des Herzens fest, er läuft, er läuft so lange wie er es will. Ich bekam entsprechende Medikamente an die Hand, womit ich ihm jederzeit helfen konnte. Gerade weil natürlich auch unterwegs was passieren konnte. Diese Gefahr bestand immer, daher musste ich dann in der Lage sein ihn jederzeit im Schlitten nach Hause transportieren zu können. Aber was soll ich sagen, er lief noch eine volle Saison als Leithund und machte noch ausgedehnte Spaziergänge den Sommer danach. Erst ein gutes Jahr nach der Diagnose blieb er eines Morgens im Wohnzimmer liegen als es zum Gassi gehen sollte. Da wusste ich, jetzt, jetzt kann er nicht mehr. Er war die Hummel unter den Tieren. Die kann technisch gesehen auch nicht fliegen. Hat ihr aber keiner gesagt, so fliegt sie fröhlich durchs

Leben. Flint wusste wohl auch nicht, dass er eigentlich gar nicht mehr in der Lage war zu laufen, somit lief er und lief und lief und lief!

Wenn ich an ihn denke, denke ich stehts in tiefer Bewunderung und Dankbarkeit an ihn. Er lässt mich bis heute oft weiter machen an Stellen, wo ich nicht mehr kann. Wenn alles in mir Stopp ruft, dann denke ich an seine Stärke und es lässt mich wieder aufstehen! Immer und immer wieder. Ein lieber Freund von mir hat auf meinen großen Wunsch hin, ihn später als Hummel gezeichnet. Die Hummel die trotz „Diagnose" fliegt.

Als er zu Sharon, Arthur und Sutur ging, hinterließ er Jack, Ylva, Fenja, Mona und Vinga noch als Welpen. Diese sollte später in seine großen Fußstapfen als Leithund treten.

Sharon erwartet ihn im Himmel, während ich ihn verabschiede. Ich habe im Freundeskreis den Spitznamen Biene. Er hat die Hummelflügel, die er immer hatte. Unten ist die restliche Truppe.

Flint vorne und Arthur hinten.

Anstieg zum Sloaros.

Vinga, die große, kleine Leithündin

Vinga kam von einer Züchterin hier aus Norwegen. Ihre Mama war Leithündin bei größeren Rennen hier in Norwegen, somit standen die Chancen gut, dass Vinga ein wenig ihre Gene mitgenommen hat. Brauchte ich nach Flint und Arthur doch ganz dringend einen neuen Leithund. Denn Leithunde werden geboren, nicht erzogen. Sicherlich formt und unterstützt man dann einen entsprechenden Hund, aber das meiste muss einfach angeboren im Willen des Hundes liegen. Dies führt zu so manch schwierigen Situationen. Als erstes ist es daher für den Musher ein besonderer Verlust, wenn ein Leithund geht, zum anderen kann es dazu führen, dass man einen ganzen „Stall" voll Hunde stehen hat und sie keinen Meter mehr trainiert bekommt, weil keiner sich dazu eignet vorne zu laufen.

Die Verbindung eines Mushers zu seinem Leithund ist speziell und kaum von außen nachzuvollziehen. Muss er ihm blind vertrauen können. Im Laufe des Lebens eines Leithundes gibt es unzählige Situationen, wo es nur ihm zu verdanken ist, dass alles gut ausgeht. Er muss Entscheidungen durchsetzen und sich auch mal über Entscheidungen des Mushers setzen, wenn er die Situation anders einschätzt. So werde ich nie auf Eis fahren, wo mein Leithund scheut, das sind Instinkte, auf die ich mich verlasse!

Es bedeutet nicht, dass man seine anderen Hunde weniger liebt, aber es besteht halt ein besonderes Band zum Leithund. Daher werden fertige Leithunde die großen Rennen gelaufen sind bis ins hohe Alter zu Preisen von Kleinwagen gehandelt, wenn mal einer abgegeben wird. Jedenfalls in Übersee.

Kommen wir zu Vinga, sie war eine im Wurf relativ kleine zarte Hündin. Hatte aber großes Selbstbewusstsein und war immer vorne bei. Sie war neugierig und wild, also fiel die Entscheidung auf sie und ich sollte es nicht bereuen. Ok, ein paar Macken hatte auch sie mit im Gepäck, aber das gehört einfach dazu. Dort wo wir damals noch wohnten, hatten die Hunde (bis heute) die Möglichkeit jederzeit zwischen Hundezwinger und Haus zu wechseln, dank einer Hundeklappe. Jedoch schlief nur Jack, der letzte Rüde im Bunde auch nachts draußen. Bis Vinga die Eigenbrötlerin kam, sie gesellte sich von Anfang an mit zu ihm nach draußen. Sie rollte sich auf einem Stuhl zusammen und das ist bis heute so geblieben. Wer mag schon isolierte Hundehütten mit Stroh... Mich schüttelte es immer ein wenig, war es langsam Winter und der zarte Welpe hatte noch fast einen nackten Bauch. Krank wurde sie allerdings nie.

Auf Spaziergängen und späteren Trainings konnte ich sie jedoch nie, wie die anderen Welpen zuvor, frei mitlaufen lassen, da sie dann eher die Gegend selbst erkunden ging. Da ich sie bis heute zumeist Zwangsfüttern muss, war sie auch mit nichts mehr zu locken. Dies bedeutet das ich ihr das Fleisch mit einem Teelöffel weit in den Mund hineingeben muss. Wir waren bei allen möglichen Ärzten mit ihr. Haben alles an Futtersorten probiert, gekocht, gefroren, und so weiter. Auch eine Woche Diät führte nicht zur freiwilligen Futteraufnahme. Mein kleines Eigenwilliges Ding!

Allerdings war sie am Ende der Saison kaum mehr zu bremsen, so dass ich ihr erlaubte die letzten Touren der Saison schon mit im Gespann zu laufen. Trotz ihres noch so jungen Alters stand es nicht im Geringsten zur Diskussion, wo ihre Position im Gespann ist. So stand sie voller Stolz als Leithund vorne und das nicht etwa neben einem anderen erfahrenen, nein sie stand da allein. Dort ist sie bis heute, wird aber inzwischen von Mona unterstützt. Mona hat das Gemüt von Flint übernommen und sieht ebenfalls überall bunte Gummibärchen, setzt aber präzise die Befehle der Leithündin um. Was haben wir alles an Abenteuern schon bestritten.

Sie ließ keinen Zweifel an ihrer Position.

Mit dir bis zum Ende der Welt und noch ein kleines Stückchen weiter. Mit dir möchte ich im nächsten oder übernächsten Jahr selbst einen eigenen Wurf haben, brauche ich doch einen Nachfolger von dir. Einem den du noch deinen Biss an die Hand geben kannst. Vorneweg, diese Pläne haben sich dann am Ende des Buches erledigt.

Flint hast du auch noch kurz kennengelernt und wahrscheinlich hat er dir in einer ruhigen Stunde ein paar Geheimnisse ins Ohr geflüstert. Und nun starten wir mit Karacho in die neue Saison. Mit einem Blick nebenbei von hier vorm Computer aus, scheuchst du gerade Baldur im Zwinger im Kreis.

Lustige Geschichten von Unterwegs

Ich denke die lustigsten Anekdoten hier bei mir sind wohl immer im Zusammenhang mit Rentieren. Hier in Hovden sind die Norweger ganz besonders stolz auf ihre noch am südlichsten lebenden wilden Rentiere. Es wird ein großer Heckmeck veranstaltet, um sie zu schützen. Ob teilweise mit Sinn, sei dahingestellt.

Was sie aber nun mal sind und bleiben, dass es noch die wilden Artgenossen sind, die sehr zurück gezogen im Hochgebirge leben. Viele Norweger, die hier schon länger als ich wohnen, haben sie noch nie zu Gesicht bekommen. Die sollten mal mit mir auf Tour gehen! Denn, wo ich bin, da sind auch die Rentiere. Selbst wenn sie Saisontechnisch da gar nicht mehr sein sollten. Dabei kann ich gut und gerne darauf verzichten ihnen mit meinem Hundegespann zu begegnen. Wobei auch diese inzwischen daran gewöhnt sind. Es ist im Freundes- und Bekanntenkreis schon ein Running Gag.

Kommen wir zu ein paar kleinen Geschichten:

Die wohl lustigste passierte mir als ich an einem Flusslauf, der Hemla, hinauf ins Hochgebirge fuhr. Damals hatte ich mein nicht mal einjähriges Kind mit im Schlitten. Dazu hatte ich kurzerhand einen Autositz in den Schlitten montiert und sie in Daunensack und Felle eingepackt. Sie schlief dort immer wie tot. So bekam sie von unserem Stunt rein garnichts mit.

Ich fuhr jedenfalls in absoluter Windstille eine Anhöhe hoch, die ich schon öfters gefahren bin. Ich sehe mich bis heute in meinen Gedanken… Oh, dieses Jahr ist aber wenig Schnee, man kann dort oben sogar noch die Felsen, Steine liegen sehen. Ich hatte das Ganze nicht wirklich zu Ende gedacht, bewegten sich plötzlich diese Steine. Inzwischen trennten uns aber nur noch vier bis fünf Meter. Ich sprang mit aller Kraft auf die Krallenbremse und wünschte mir spontan 100 Kilogramm mehr auf die Rippen. Ich und die Rentiere guckten uns wohl ziemlich verdutzt an. Sie hatten dort oben gemütlich eine Mittagspause in der Sonne gemacht, bis so ein bekloppter Fahrer wie ich kam. Sie schienen auch nicht gleich ganz wieder bei Sinnen zu sein, so ließen sie sich gefühlt Stunden Zeit, um sich zu trollen.

Ich inzwischen mit einem aus vollen Lungen kreischenden Gespann, so dicht sind wir ja sonst nie an den Rentieren. Mir blieb nix übrig als zu warten, auf der Bremse zu stehen und zu hoffen das alle Karabiner hielten. Ja und ein paar Schimpfwörter zu denken. Dies war der einzige Augenblick, wo ich Vinga nicht zum spontanen Drehen des Gespanns bewegen konnte. Wer mag es ihr verdenken, hätte sie doch fast in so einen schönen Rentierhintern beißen können. Nach einer gewissen Zeit tat sie es aber brav und wir zogen unserer Wege. Mit einem nach wie vor selig schlafenden Kind.

Seitdem nehmen mich meine Freunde immer Hopp und sagen ich solle mich vor bewegenden Steinen in Acht nehmen. Sehr witzig, sehr witzig, meine geliebten Freunde!

Wir schafften es aber auch „fang mich Hase" mit Rentieren zu spielen. Dies geschah als ich einmal im Vesterdalen unterwegs war. Dort begegneten wir zwei einzelnen Tieren. So stoppte ich und ließ ihnen ein wenig Vorsprung. Wurde der Abstand jedoch zu groß stoppten wiederum die Rentiere und warteten auf uns. Bis wir wieder aufschlossen und wir ihnen wieder Vorsprung ließen. So vergingen 2 Stunden mit einem hochmotivierten Gespann. Irgendwann war es aber Zeit zu wenden. Normalerweise stoppe ich dazu und gebe Vinga den Befehl das Gespann zu wenden. Zu dem Zeitpunkt waren wir aber im gestreckten Galopp unterwegs, so dass ich den Versuch startete, Vinga ein Gespann wenden zu lassen in vollem Jagdmodus. Was soll ich sagen, ich sagte nur ein einziges Mal „tilbake" und sie wendete das Gespann im gestreckten Galopp. Mir stand der Mund offen. Ich war so baff was dieser Hund zu leisten im Stande war.

Eine weitere Geschichte zu typisch ich und die Rentiere, ereignete sich im Frühjahr. Im Frühjahr sammeln sich alle Rentiere auf der Ostseite, so dass ab dem 25 April die Ostseite nicht mehr betreten werden darf. Aber man hat ja nach wie vor genug Möglichkeiten auf der Westseite. So packte ich meine sieben Sachen und wollte noch eine letzte Tour der Saison mit Übernachtung auf der Westseite fahren. Gestartet bin ich Lislesåta über Galtenflotti nach Berdalen.

Wir genossen so unsere Tour und träumten vor uns hin. Ich hatte kein besonderes Ziel an diesem Tag. Lasse mich immer gerne treiben und wir lassen uns da nieder, wo es uns gefällt.

So fuhr ich am Korpenuten einem Berg vorbei, um hinter einem weiteren Berg in Richtung Berdalsbu abzubiegen. Bei einer leichten Abfahrt sah ich dann schon eine kleine Herde von circa 15 Tieren stehen. In dem Fall war ich sogar schneller als meine Hunde. Also folgte der Befehl zum spontanen Wenden, was zu etwas Verwunderung im Team führte, aber von Vinga ohne Frage umgesetzt wurde. So trotteten wir wieder einen halben Kilometer zurück und machten dann erstmal eine kurze Mittagspause. Hatten wir eigentlich dort in der Umgebung schon nach einem Platz zum Übernachten Ausschau gehalten.

Nerven stärken.

Danach starteten wir, um einen neuen Platz zu finden. Als wir den kleineren Berg umrundet hatten, standen plötzlich wieder die Rentiere vor uns. Sie hatten die andere Senke zwischen den beiden Bergen genutzt und waren somit wieder vor uns. Na, was für eine Freude und was für eine Überraschung. Diesmal sahen meine Hunde auch die Herde. Wir hatten aber einen guten Abstand zu ihnen das es kein Problem war. So fuhren wir weiter zurück in Richtung Galtenflotti im Team mit der kleinen Rentierherde. Wo ich rausfinden sollte worin das Ziel dieser bestand. Mal wieder kam ich über eine Anhöhe, hier im Hochgebirge geht es selbst auf freier Fläche immer hoch und runter, und erblickte eine stattliche Herde von mindestens 500 Tieren. Was zur Hölle machten die hier? Sollten die nicht alle auf der Ostseite zum Kalben und so weiter sein!? Och nö. Immerhin hatten wir einen guten Abstand von sicherlich 500-800 Metern. Aber die Herde war riesig, ob da meine Hunde wirklich dem Drang widerstehen konnten, ihnen einen Besuch abzustatten? Sie konnten und ich platzte vor Stolz!

Eine kleine Gruppe von ihnen.

So endeten wir an diesem Tag aber schon wieder zurück am Galtenflotti, also fast zurück am Startplatz. Das war nicht ganz mein Plan gewesen. So hielt ich an der nächstbesten Baumgruppe an, wo ich alle Hunde gut festmachen konnte und sie sogar schon das erste Grün der Saison hatten. Was für ein Paradies an Wohlgefühl und Gerüchen für einen Hund nach einer Saison von über 7 Monaten Schnee. Sie kullerten sich gemütlich ins Moos und schliefen tief und fest. Ich hingegen hatte immer den Blick übers Galtenflotti gerichtet, befürchtete ich, dass die Herde mir hinterherkam, um später auf die Ostseite zu wechseln.

Jan, dem ich zwischendurch Meldung machte, erzählte es einem Kollegen, dessen sofortiger Spruch natürlich war, „ja, das ist aber ungewöhnlich, sonst sind sie da schon lange auf der anderen Seite", ja danke schön. Ungewöhnlich beschreibt gefühlt mein Leben.

Leben genießen.

Die Nacht blieb zum Glück ruhig und wir hatten keine Gäste. So packte ich am nächsten Morgen meine sieben Sachen und wir fuhren nun nur noch das kleine Stück bis zum Ausgangspunkt.

Im Frühjahr hingegen hat man oft noch ganz andere Herausforderungen. Da hier über die Hälfte der Flächen über Moore, Bäche, Seen und co geht, habe ich mir schon so manch einmal gewünscht zu schweben und die Luft angehalten. Bisher, Finger gekreuzt, bin ich nur einmal baden gegangen. Dies geschah auf der Lundane. Diese Strecke führt viel über Moor und birgt so unsichtbare Fallen. So kam ich mit meinem Gespann an, damals war sogar Jan mal per Ski mit bei. Er fuhr vor mir über eine glatte schöne schneebedeckte Fläche, wir wussten allerdings, dass die Stelle sehr brüchig war. Denn das tückische ist, dass das Moor den Schnee von unten her aufgetaut hatte. Mein Gespann lief schnell und zügig über diese Passage, um dann so zu stoppen, dass ich noch auf der unsicheren Fläche stand und sie auf dem trockenen. Es kam, wie es kommen musste, da ich dort nun stand, brach das Eis unter mir und ich sank bis zum Schritt ins Wasser. Ein Traum, ich hatte meine liebe Mühe dort wieder rauszukommen. Musste ich zum einen nach wie vor den Schlitten sichern und zum anderen versuchen irgendwo wieder auf stabiles Eis zu klettern. So wühlte ich mich durch den Eisschlamm. Jan erwartete, das ich schimpfen würde wie ein Rohrspatz, aber ich hatte wirklich genug zu tun dort wieder rauszukommen. Seitdem halte ich jedes Mal unbewusst den Atem an dieser Stelle an. Auch wenn ich nie wieder baden gegangen bin.

Gleichzeitig macht es das Fahren im Frühjahr auch so besonders. Bäche fangen an aufzubrechen und man muss seinen Weg über stabile Schneebrücken suchen. Ich liebe diese besondere Zeit! Überall sprudelt es und die Landschaft fängt wieder an zu leben. Ich kann es immer nicht erwarten. Um ins Vesterdalen zu gelangen, fährt man eine lange Strecke über den See Hartevatn, um dann in das Tal zu gelangen. Eine der wenigen Strecken, die wenigstens mal ein kleines Stück durch den Wald führt. Da wir genau an der Baumgrenze leben führen all unsere Strecken meist durch baumlose Gebiete. Da sind selbst Sträucher was Besonderes. Daher freuen sich die Hunde dort besonders, sind doch die Gerüche ganz anders, hinzu kommen lauter Elchspuren, die anspornen. So fliegen wir immer in Schleifen durch den Wald, weil ja hinter der nächsten Biegung was Spannendes warten könnte.

Eine sehr schmale Schneebrücke.

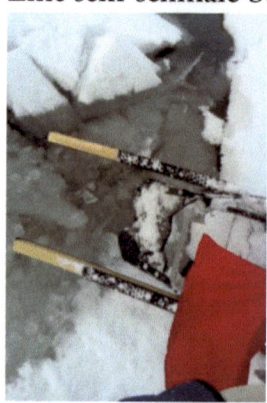

Knapp oder, ich bin leicht wie eine Feder.

Aber auch so birgt das Frühjahr oft lustige Geschichten. Die sicher von außen beobachtet aussehen, als hätte der Musher keinerlei Kontrolle über sein Gespann.

So fährt man oft auf riesigen weiten Hochplateau Flächen munter ohne ersichtlichen Grund im Zickzack.

Aber natürlich gibt es einen Grund, einen durchaus wichtigen, die ersten grünen Büschel stechen nach 7 Monaten Eis und Schnee hindurch. Was für eine Freude für die Vierbeiner und ein Zähneknirschen des Mushers. So wird man fröhlich mit dem Schlitten über die hundertste Gras- und Geröllfläche gezogen und gibt am Ende der Saison den Kufen nochmal den Rest. Aber irgendwie gehört das einfach dazu. Sind sie die ganze Saison weite Strecken tapfer und hochkonzentriert gelaufen, haben jede kleine Richtungskorrektur sauber ausgeführt, so sollen sie am Ende einfach nur noch Spaß haben. Geschadet hat es ihnen nie. Die nächste Saison sind sie wieder sauber am Laufen.

Jipi, endlich wieder Grünzeug.

Ein weiterer Spaßfaktor zu dieser Zeit sind natürlich auch die Lemminge. Diese flitzen dann von einer Grünfläche zur nächsten. Da es hier Hochflächen gibt, wo man kilometerweite Sicht hat, sieht man sie schon von weitem flitzen. Natürlich auch die Hunde.

Diese mutieren dann zuweilen nach kürzester Zeit zu Hängebauch-Schweinen, sind diese ja mit Lemmingen gefüllt. Wie war das mit, nicht mit vollem Bauch rennen?

Zugegeben eine etwas spezielle Diät. Aber hatten wir damals schließlich schon unsere zurück gebliebene Hündin als Welpe damit zu einem ansehnlichen Hund gemästet.

Bisher hatte ich nur ein einziges Mal wirklich Schiss beim Fahren. Selbst steile Abfahrten machten mir nicht viel aus und was bin ich schon Berge runter geschreddert. Da habe ich schon häufiger erstaunte Blicke erhalten mit den Kommentaren, „was da bist du runter?". Ja, bin ich und sollte es mal allzu steil werden wickle ich Seile um den Schlitten. Den Trick habe ich in meinen Zeiten in Canada gelernt. Dort halt nur mit Ketten. Diese bewirken jedenfalls eine von sich aus schon starke Bremswirkung da man nicht mehr auf den Kufen gleitet, zudem bleibt der Schlitten mehr in Spur und man kann mit voller Kraft auf den Bremsen stehen, fatal wäre nämlich leicht quer zur Abfahrt zu kommen. Dann überschlägt man sich nämlich irgendwann mit dem Schlitten und rollt samt Hunden unkontrolliert den Berg hinunter. Somit gilt immer gerade runter und sei es noch so steil. Diese Aktionen jedenfalls machten mir nie so große Bedenken, nein es sollte eine kleine Trainingsrunde von hier direkt hinterm Haus sein, von der ich völlig geschreddert wiederkam. Im Voraus, Danke Ylva, du kleines Monster! Sie war nämlich mal wieder der Auslöser der Aktion.

Ich startete hier am Haus zu einer kleinen Abendrunde. Zu dem Zeitpunkt hatten wir wie gut die Hälfte der Saison massenweise losen Tiefschnee. Bis auf Sauanstrengend erstmal nicht das Ding. Wie schon anfangs bei der Vorstellung der Hunde ist Ylva ein wenig eigenwillig. Wie an diesem Tage auch. Auf dem Weg den Berg hinauf sollte sie jedenfalls wieder einen auf gequälten Hund machen und stolperte so fröhlich vor sich hin, um damit das Team noch mehr aus dem Takt zu bringen. Diese mussten eh schon alles geben wegen des Tiefschnees. Oben angekommen, gab ich Vinga den Befehl zum Wenden. Dies tut sie normalerweise in einem großen sauberen Bogen. Da jedoch so viel loser Schnee lag, kam sie mir mehr oder minder, mit allen in der Spur entgegen, die wir hoch getrampelt hatten. Ich wuchtete den Schlitten rum und sah, dass zum einen die Leithunde sich verheddert hatten und auch noch die beiden Hunde dahinter. Durch den Tiefschnee war Schneeanker setzen ziemlich sinnlos, machte es fürs Gewissen aber trotzdem. Dann kroch ich zu den Hunden nach vorne. Ich muss dazu sagen, dass mein Gespann auch artig steht, wenn ich nach vorne gehe und ihnen zuvor sage, sie sollen stillstehen. Bis halt eben auf Ylva, die mir zum Verhängnis wurde. Da der Schnee mir bis fast zum Schritt ging, war es eine ziemliche Plackerei zu den Hunden vorzukommen. Vorne angekommen, enthedderte ich die Leithunde und wühlte mich zurück zu den beiden in der Mitte. Da fing Ylva schon an zu mauzen und ich brüllte sie an sie solle still sein. Ich hatte noch nicht den einen Hund wieder richtig eingehängt, machte sie genau das, was sie ja immer macht, wenn wir anhalten, drehen, oder Pause machen, sie sprang mit voller Kraft ins Geschirr und brüllte, was das Zeug hielt. Brilliant, da der Anker ja nur Alibi war hielt er das Gespann natürlich nicht! Sie zogen motiviert von Ylva, alle an. Ich hängend am mittleren Hund. Aus meiner Position, im Tiefschnee steckend, hatte ich auch keinerlei Handlungsspielraum, so schliff ich ein Stück am mittleren Hund hängend hinterher und versuchte diesen dabei noch fertig einzuhängen. Nicht erwähnen brauche ich, dass das Ganze von dort erst einmal zweieinhalb Kilometer den Berg hinunter geht. Super Voraussetzungen also! Wie sollte ich also so zum Schlitten zurückkommen. Sonst bei dieser schon häufiger vorgekommenen Situation, dank Ylva, konnte ich immer den an mir vorbei sausenden Schlitten fangen, aber nicht, wenn man bis zum Bauch im Schnee steckte. So versuchte ich mich weiter am runter galoppierenden Gespann nach hinten zu hangeln. Ich kam an Ylva vorbei, konnte sie aber nicht mal zusammenscheißen, brauchte ich all meine Kraft, um mich an den Zugseilen festzuhalten. Irgendwann war ich dann direkt vor dem Schlitten angekommen. Mein Gespann wild den Berg hinunter galoppierend. Normalerweise würden sie anhalten, wenn ich nur am Schlitten hänge, da aber der lose Schnee keinen Widerstand gab, liefen sie fröhlich vor sich hin. Nun kam der Moment, wo mir der Arsch wirklich auf Grundeis ging. Da ich vorne am Schlitten mit einer Hand hängend sehr tief war zog es mich unter den Pulverschnee. So schliff ich komplett unterm Schnee den Berg hinunter. Atmen war nicht mehr möglich. Ich fing an ernsthaft Panisch zu werden. Das Gefühl nichts zu sehen, nicht Atmen zu können und keinerlei Kontrolle zu haben ist definitiv nichts, was ich nochmal erleben muss. Nun wird wohl jeder normale Mensch sagen, dann lass doch den verdammten Schlitten los! Dies macht aber so gut wie kein Musher. Zum einen wird der Schlitten dann zur Gefahr für die Hunde, zum anderen verheddern sich die Hunde dann heillos in den Leinen und werden entweder zu Tode geschliffen von den anderen, oder brechen sich die Beine. Zudem hatte ich mein Handwerk in Canada gelernt und dort bedeutet das Gespann irgendwo in der Wildnis bei minus 50 Grad zu verlieren einfach mal deinen Tot! So ist es ein antrainierter Reflex, festhalten, komme was da wolle! Also hielt ich fest und versuchte mich weiter nach hinten zu arbeiten. Wie auch immer, ich schaffte es nach hinten, hatte dann aber meine liebe Mühe von der Position hoch auf die Kufen zu kommen. Auch das glückte mir irgendwie, wild Schnee hustend, ein wenig hatte ich davon doch eingeatmet. Nun kann man denken, jipi, anhalten und erstmal atmen. Hätte ich auch großartig gefunden, ging aber nicht. Bei der unkontrollierten Abfahrt hatte sich der Schneeanker unter den Schlitten gedreht und sich so eingehakt, dass ich ihn nicht mehr losbekam und ich beide Bremsen des Schlittens auch nicht mehr treten konnte. Wie gesagt wir waren auf einer Abfahrt den Berg hinunter, und dies nach wie vor, völlig unkontrolliert. Zum Schimpfen hatte ich nach wie vor keine Luft und auch keine Kraft mehr. So versuchte ich mit meinen Fußhacken das Gespann im Tiefschnee den Berg runter zum Anhalten zu bewegen. Nach einer gefühlten Ewigkeit machten sie dies auch und ich konnte den Schlitten kippen, um den Anker rauszuholen. All dies nur auf gut Glück, dass das Team so lange auch still steht. Sie taten es und danach fuhren wir den restlichen Trail nach Hause. Dort angekommen kippte ich vom Schlitten! Ich war durch mit der Welt. Ich konnte noch nicht mal mehr reden, meine Lunge und Atemwege brannten wie Feuer. Auch dies gehört mit dazu. Erlebnisse ala „don't do it!"

Sie erinnern mich an die Zeiten in Canada, dort haben wir uns alle mal mit etlichen großen Mushern bei einer Pizzeria getroffen. Alle von ihnen fuhren schon seit mindestens 20 Jahren Gespann und fuhren auch die großen Rennen, wie das Yukon Quest. Ein Rennen was 1600km lang ist. Somit also alle in allen Situationen erfahrene Musher. Den gesamten Abend erzählten sie Geschichten von Erlebnissen, die man nicht zweimal braucht. Auf was für bescheuerte Ideen ihre Hunde kamen und welche Berge sie wie runter geschreddert sind. Ich weiß bis heute, dass ich an dem Abend so gut wie keinen Bissen runter bekam, so sehr haben wir gelacht. Eigentlich hätte dies aber vielleicht auch als Warnung mir unerfahrenem Musher dienen können. Hat es nicht, wie man sieht. Ich bin diesem Leben heillos verfallen!

Der Wunsch nach einem Zweibeiner

Da wir hier sehr abgeschieden leben, muss man leider auch unendliche Wege in Kauf nehmen. Dies bedeutet, dass man auch mal für ein Röntgen oder andere ärztliche Untersuchungen dreieinhalb bis viereinhalb Stunden mit dem Auto hinfahren muss. Und dies ist dann nur eine Strecke. So endet man schlussendlich bei einer Tagestour. Zwischen 10-15 Stunden. Das sind Dinge, die man bedenken sollte, bei all der Schönheit hier in den Bergen. Ist man oft auf Ärzte angewiesen, was über den Hausarzt hinausgeht, braucht man hier gutes Sitzfleisch und Spaß am Autofahren. Oft nutzt man das gleich noch, um Erledigungen in der Stadt zu machen. Zu viel kommt man allerdings nicht, da die Strecke einfach zu viel Zeit kostet. Wenn man hier oben mal einen Notfall hat, kommt der Helikopter, dies sollte man aber gut planen und nicht etwa in einem Schneesturm umfallen!

Jan hat mal den Stunt gebracht und hielt es für eine großartige Idee seinen Fuß in die Schneefräse zu stecken. Natürlich im stärksten Schneesturm. Nachdem ich ihn mühsam über fast eine Stunde aus der Fräse geschnitten hatte, wollte auch kein Krankenwagen zu uns kommen. Na, wie gut das ich fahren kann wie ein Kamikaze!
Ich habe ihn jedenfalls sicher in die Arztpraxis gebracht, wo er genäht wurde. Er war zuvor noch der Meinung ich könne das doch selbst machen, tue ich das schließlich bei den Hunden auch. Ich erklärte ihm, dass er das ganz sicher nicht ohne Betäubung will.

Kommen wir nun zu dem Wunsch eines kleinen Zweibeiners. Da uns der Wunsch auf natürlichem Wege leider verwehrt blieb mussten wir es über eine Hormonbehandlung probieren. Zuvor brauchten wir aber drei Jahre, um endlich eine Überweisung zu einer entsprechenden Klinik in der Hand zu halten. Die uns dann ablehnte, da sie nur bis zum 38igsten Lebensjahr eine solche Behandlung durchführen. Ich war zwei Tage davor 38 geworden! Nach einem Einspruch von uns, dass dies so lange mit den Überweisungen gedauert hatte, nahmen sie uns doch an.

So startete der lange, schwere Weg zum Kind. Wer ein wenig Erfahrung damit hat, der wird wissen es ist der gebuchte Trip, einmal Hölle und zurück. Hormone sind was großartiges, vor allem in hohen Dosen. So möchte man schließlich das zeitgleich mehrere Eier heranwachsen, wo sonst ja immer nur eines im Monat bereit sein soll. Für uns bedeutete es zusätzlich noch immer einen Weg nach Porsgrunn. Dies ist ein Weg von fünfeinhalb Stunden hin und natürlich auch wieder zurück.

So starteten wir in die erste Behandlung. Zuerst startet man mit einem harmlos wirkenden Nasenspray. Dies stoppt die weiteren Eisprünge. Nachdem man sich damit zwischen 2-4 Wochen die Nase verätzt hat, fängt dann die eigentliche Behandlung zur Reifung der Eier an. So zeigte man mir den Umgang mit Spritzen und co, da ich auch die entsprechenden Mengen aus den Glasampullen vorbereiten musste. Dies war ich durch meine Hunde schon gewohnt und routiniert, aber Himmel, es ist nochmal eine ganz andere Nummer sich den Mist dann selbst in den Bauch zu spritzen. Ich saß also da, mit einer Spritze in der Hand, die gefühlt eine Nadel von einer Länge hatte, die gleich ganz durch meinen Bauch durchstechen würde. Zum Schluss war nur noch mein Spruch, jetzt oder gar nicht, sonst kippe ich demnächst hier um.

Hölle brannte die Scheiße. Das stechen selbst wurde dann aber wirklich schnell zur Routine. Bei der ersten Hormonbehandlung war es immer nur eine einzige, bei den späteren musste ich jeden Abend zur gleichen Zeit immer zwei Spritzen setzen. Da dies immer zur selben Zeit geschehen musste führte das zuweilen auch zu lustigen Gegebenheiten. So muss das Wachstum der Eier alle zwei Tage in der

Klinik nachkontrolliert werden, was in unserem Fall sehr viele lange Touren bedeutete, aber es führte auch dazu, dass ich mich irgendwo auf der Strecke spritzen musste. Da das Mittel immer im Kühlschrank gelagert werden musste, führten wir zusätzlich eine Kühlbox mit im Auto. Spritzen tat ich mich dann wie ein Junkie nachts an beleuchteten Tankstellen und, oder auf Parkplätzen mit schöner Aussicht. Man gönnt sich ja sonst nix!

Die Aussicht stimmt.

Die Ausbeute der ersten Hormonbehandlung waren aber leider nur 2 Eier in einem Eierstock. Als sie reif, somit groß genug waren, um geholt zu werden, kommt der letzte Spaß. Genau 38 Stunden vorher setzt man sich eine Spritze zur Ei-Lösung. Diese muss zum richtigen Zeitpunkt gesetzt werden, um dann die Eier zu holen.

Und da wären wir bei der Geschichte, die Wikinger haben hier eine

Macke, oder nur die Stärksten überleben hier! Denn nicht, wie in allen anderen europäischen Ländern und weiteren, bekommt man hier eine Narkose. Nein, sie holen sie bei vollem Bewusstsein und man muss auch noch mitmachen.

Ich muss sagen, ich bin Schmerzen gewohnt und mich haut so viel nicht um, zudem gehe ich zu solchen Sachen wirklich entspannt, wusste ich ja nicht, was mich erwartet. Zuvor bekommt man einen freundlichen Medikamenten Cocktail und kurz davor ein Lokal-Anästhetikum. Spritzen am Muttermund sind aber auch schon eine besondere Freude.

Den Weg zwischen Muttermund und Eierstock kann man hingegen nicht betäuben. So sitzt man auf diesem wohl von jeder Frau gehassten Stuhl und muss sich selbst per Hand den entsprechenden Eierstock reindrücken, an den der Arzt gleich will. Beobachten kann man das ganze zusätzlich auf einem Ultraschall an der Wand. So kommt also der Arzt mit dem Ultraschallkopf an dem eine riesige lange, dicke Nadel befestigt ist und spießt einen bei lebendigem Leibe wie ein Brathühnchen auf. Dazu nur eins, HEILIGE SCHEISSE!

Ich weiß bis heute noch, wie ich Panik schob, da ich drohte ohnmächtig zu werden und ich den Eierstock nicht loslassen konnte. Danach war ich bei den weiteren Behandlungen nicht mehr so unvoreingenommen.

Gewonnen wurden beim ersten Mal nur zwei Eier, somit nicht die große Ausbeute. Beide sind in die Befruchtung gegangen. Nach drei Tagen ist hier die Einsetzung, wenn sie sich normal entwickeln. Jedoch genau am Tage der Einsetzung starben sie und somit war alles umsonst gewesen. Somit hat man nicht nur Monate des Wahnsinns hinter sich, dank Hormonen, fallen diese nun auch wieder ab und man muss zeitgleich das Scheitern verdauen. Körperlich und psychisch wird in dieser Zeit einem alles abverlangt.

Aufgeben stand aber nicht zur Debatte. So startete ich zwei Monate später mit der zweiten Behandlung. Die Pausenzeiten braucht der

Körper, um bereit für eine weitere Runde zu sein.

Da bei der ersten Runde die Hormonbehandlung nicht so gut angeschlagen hatte wurden nun die Hormone angepasst. Es ist und bleibt einfach ein Glücksspiel. In meinem Fall bedeutete dies wie immer das Nasenspray und jeden Abend zwei Spritzen anstatt einer. Inzwischen war dies allerdings zur Routine auch bei mir selbst geworden. Spaß machte es natürlich trotzdem nicht unbedingt, da futtere ich doch lieber ein Stück Schokolade! Ich erinnere mich noch an das eine Mal, wie ich im Warteraum der Klinik saß und eine andere Patientin mich fragte, ob ich auch so große Probleme beim Spritzen hätte und zeigte mir daraufhin ihren Bauch. Ihr Bauch war ein einziger riesiger Bluterguss. Sie tat mir echt leid, ich selbst hatte nicht einen einzigen.

Die zweite Behandlung schlug besser bei mir an, so produzierte mein Körper 7 Eier mit einem Mal. Dies bedeutete also wieder viele lange Touren nach Porsgrunn, bis das Ok vom Arzt kam, dass die Eier groß genug seien. Nun kam allerdings das kleine Problem, das ich diesmal wusste, was auf mich zukam. Somit war ich, vorsichtig ausgedrückt, nicht mehr ganz so unvoreingenommen. Ich schob Panik! Dies kommunizierte ich auch mit dem Arzt und fragte, warum man hier keine Narkose bekommt. Super, es war hier einfach nicht üblich, wie auch immer, sie verdoppelten zwar die lokale Betäubung, aber mehr konnten sie nicht machen. Dazu kam die große Freude das im rechten und im linken jeweils Eier vorhanden waren. Dies bedeutet gleich zweimal aufgespießt zu werden. Ich konnte mein Glück nicht fassen. Grumpf!

Schlussendlich überstand ich es ziemlich gut. Die Schwester quatschte mich voll und das war auch nötig. Denn die Entnahme dauerte ein wenig über 15 Minuten. Diesmal konnte ich auch dem Ultraschall folgen und sah wie der Arzt in einen Eierstock rumpolkte und die Eier einsog. Die Ernüchterung folgte allerdings kurz darauf. Waren alle 7 Eier doch noch zu klein und damit nicht reif genug zur

Befruchtung. Somit hatten wir rein gar nichts. Naja, gar nichts konnte man nicht sagen, ich bekam nach der zweiten Entnahme eine wunderbare Entzündung an beiden Eierstöcken. Die so heftig war, dass ich am liebsten ein Sterbchen gemacht hätte. Ich konnte tagelang nicht Mal zur Toilette aufstehen.

Danach war die Motivation natürlich nicht so riesig auf eine weitere Behandlung. Nach einer weiteren Pause jedoch endschied ich mich zu einer weiteren, der dritten. Mein Gedanke war, „alle guten Dinge sind Drei", jedoch stand von Anfang an fest, dass dies die letzte sein sollte. Zum einen war ich dann langsam aus meiner Sicht in einem Alter, wo für mich Schluss sein sollte, zum anderen musste ich das dann psychisch einfach verarbeiten. In der dritten Runde blieben wir bei derselben Aufstellung an Hormonen wie beim ersten Mal.

Sie schlug auch wieder gut an, so dass ich zum Schluss 9 Eier hatte. Die Entnahme überstand ich auch wieder recht gut und konnte so nicht nur die Entnahme der Eier am Bildschirm verfolgen, sondern gleich noch das einsetzten des Samens in jedes Ei. Von 9 Eiern gingen 7 in die Befruchtung. Das ließ sich doch mal sehen.

Wir hatten uns dazu entschieden das zwei Eier zeitgleich eingesetzt werden sollten, soll dies wohl die Chance erhöhen. Das Einsetzen ist im Vergleich ein Spaziergang, nur das man zuvor 2 Liter Wasser trinken soll. Da der Arzt dann wohl ein besseres Bild im Ultraschall erhält. Keine Ahnung, in jedem Fall schaffte ich es nicht im Geringsten diese Menge an Flüssigkeit zu mir zu nehmen. Dazu soll man nach dem Einsetzen auch noch eine Stunde mit dem Pullern warten. Mir platzte jedenfalls die Blase. Was ich bis heute in jedem Fall vor meinem inneren Auge habe, ist wie die Eier eingesetzt werden. Man kann ganz genau verfolgen und sieht wie sie dann kuschelig eingebettet in der Gebärmutter liegen.

Danach wird empfohlen den Tag ruhig angehen zu lassen, nun ja, in unserem Fall allerdings ja wieder fünfeinhalb Stunden Autofahrt nach Hause. Mein Kind musste sich also gleich von Anfang an gut festkrallen. Die beiden weiteren Eier sollten noch einen Tag weiter reifen, um dann auf Eis gelegt zu werden. Jedoch kam am nächsten Tag der Anruf, dass sie es nicht geschafft hätten. Somit galt, alles oder nix. Es musste funktionieren. Man kann sich kaum das Gefühl vorstellen. Im Fall einer Einsetzung weiß man schon von Anfang an, dass da jemand in seinem Bauch hausen tut. Man hört immer wieder in sich hinein, auch wenn es absolut keinen Sinn macht. Zwei Wochen später waren wir schon in Deutschland bei meinen Eltern, wo ich den Schwangerschaftstest machen konnte, und ja, ich war schwanger! Meine Güte, wir gingen sofort in aller Frühe rüber zu meinen Eltern um als erstes am Bett von meinem Papa zu stehen. Ich habe noch nie meinen Papa, noch im Halbschlaf, in einem Satz aus dem Bett springen sehen und jubeln. Augenblicke, die man nicht vergisst.

Danach holten wir meine Mama noch mit der freudigen Botschaft aus dem Bett. Der Witz war das für sie von Anfang an feststand, dass ich schwanger bin. Sie hatte nicht eine Sekunde einen einzigen Zweifel zugelassen. Seit ich nach der Klinik direkt zuhause anrief, um zu sagen das die Eier eingesetzt waren, war ich Schwanger. Unumstößlich! Mütterliche Intuition? Keine Ahnung, sie hatte recht, trotz dass die Chancen in unserem Alter eigentlich nicht so groß waren.

Nach 5 Wochen buchte ich dann allein die Fähre nach Norwegen, um in die Klinik zu fahren. Jan blieb mit den Hunden bei meinen Eltern. Die Klinik wollte sich vergewissern und natürlich stand ja auch noch die Frage im Raum, ein oder zwei Kinder?

Schlussendlich hatte sich ein Ei eingenistet und das ganze Personal feierte mit. Alle wollten das Ultraschall von dem kleinen Zellhaufen sehen. Das ist das, was ich wirklich über diese Klinik sagen kann. Die, die dort in der Abteilung arbeiteten, machten es einem so angenehm wie möglich. Es herrscht eine familiäre Stimmung. Hier ein Dank nach Porsgrunn.

Eine Schwangerschaft mit Hürden

Nun wohnte da also so ein kleines Ding in mir. Was war das komisch. Dazu kam das ich schon mit 12 Wochen aussah, als wenn ich hochschwanger war. Allerdings bereitete mir von Anfang an die Schwangerschaft Probleme. Selbst nach vier Wochen hatte ich schon starke Schmerzen in der Symphyse, also der Schambeinfuge. Auch hatte ich von Anfang an Unterleibsschmerzen, wie als wenn ich meine Periode bekommen sollte. Dies blieb bis zuletzt. Die sogenannte Schwangerschaftsübelkeit blieb bei mir bis zum 7ten Monat, allerdings immer, ohne dass ich mich übergeben musste. Immerhin. Mein Becken hingegen lockerte sich von Anfang an so stark, dass ich ab dem 4ten Monat große Probleme mit dem Laufen hatte. Das Becken soll sich zum Ende der Schwangerschaft ein Stück weit lockern, sonst passt das Bündel Kind da nur schwer hindurch, aber es sollte halt noch stabil bleiben. Meins löste sich quasi in Wohlgefallen auf. Trotz allem ließ ich nie einen Zweifel daran, dass ich das Kind normal austragen würde. Keine Ahnung, woher ich diese absolute Überzeugung nahm, ich hatte nicht ein einziges Mal einen Zweifel.

Hier in den Bergen, weit ab von einem Krankenhaus oder Gynäkologen wird man durchgängig von einer Hebamme in seiner Schwangerschaft begleitet. Viele Untersuchungen, die in Deutschland üblich sind, gibt es hier dadurch gar nicht. Alles ist noch mehr natürlich. Ultraschall gibt es nur ein einziges Mal, wenn da alles Okay ist, wird der Bauch nur noch abgetastet, um das Wachstum des Kindes festzustellen und der Herzschlag kontrolliert. Der Rest geschieht in dem Selbstbewusstsein, das die Natur uns Frauen nun mal genau dafür ausgestattet hat, dass wir in der Lage sind Kinder zu bekommen. Hätte ich mir hier und da vielleicht ein-zwei Untersuchungen mehr gewünscht, mag ich den Ansatz sehr. Da zu viele Untersuchungen meines Erachtens eher wieder verunsichern. So hatten wir in der 18zehnten Schwangerschaftswoche einen einzigen Ultraschall, wo uns dann auch das Geschlecht mitgeteilt wurde.

Es sollte ein Mädchen werden. Alle hatten sich ein Mädchen gewünscht, oder gingen so weit zu sagen das sie komischerweise immer, wenn sie an meine Schwangerschaft dachten, an ein Mädchen dachten. Es hätte also keines Ultraschalls bedurft. Ab da an liegen die Untersuchungen wie gesagt in der Hand der Hebamme.

Was hier recht passabel abgesichert ist, ist der spätere Weg zur Klinik, wenn die Geburt ansteht. Eigentlich, wenn bei mir nicht immer dieses eigentlich wäre. Dazu später. Geplant ist es zumindest, wenn die Wehen einsetzen, kommt die Hebamme zu einem nach Hause und schaut, wie weit man ist. Entweder man trinkt dann noch gemeinsam einen Tee und wartet, oder sie ruft sofort die Ambulanz. In dieser fährt sie dann mit in die Klinik. Dort bleibt sie dann aber nicht. Aber da der Weg von hier zur Klinik entweder dreieinhalb Stunden (Kristiansand), oder viereinhalb Stunden (Arendal) ist, kann die Geburt auch mal im Krankenwagen in vollem Gange sein. Es empfiehlt sich hier also nicht der ängstliche Typ Mutter zu sein.

Meine Hebamme war in jedem Fall großartig und ich war trotz körperlicher Beschwerden entspannter Dinge.

Nun ergab sich das Problem, dass das errechnete Datum der 17. Mai war, der Nationalfeiertag von Norwegen. Das heißt vorher kam der Winter mit dem Training der Hunde. Jan hatte zuvor noch nie meine Hunde trainiert, auch so sahen wir uns beruflicherweise sehr wenig im Winter. Was also tun? Es ist halt mein Leben mit den Hunden, auch wenn er mich da in voller Hinsicht unterstützt. Am Anfang war ich noch in der Lage mit Skistöcken mich langsam vorwärtszubewegen, aber anziehen und Co gingen sehr früh schon nicht mehr. Diese Saison mussten wir anders über die Bühne bekommen. Mit einer unendlichen Geduld zog er also mich an und die Hunde und brachte uns ins Auto. Ich konnte nicht mal mehr allein einsteigen. Diesen Winter mussten wir abends auf Skiloipen oder halbwegs gerades Terrain ausweichen. Angekommen baute Jan alles nach Anweisung auf und stellte mich auf den Schlitten. Er hingegen hängte sich als lebendiger Schneeanker mit Seil auf Ski hinten an den Schlitten. So beschritten wir die gesamte Saison. Der Wahnsinn lässt grüßen. Ich konnte nicht laufen und gar nichts, aber holla die Waldfee, fuhr mal fröhlich bis vier Wochen vor der Geburt mit dem Schlitten durch das Gebirge. An Wahnsinn schwer zu übertreffen. Aber es ging, es war das, was bis zum Schluss am besten ging. Konnte ich mich doch sehr gut am Haltebügel des Schlittens festhalten und abstützen. Meiner Hebamme beschrieben wir es als Rollator für Schwangere. Ohne Worte! Sie war bei den letzten Touren schon versucht mitzukommen, falls ich mein Kind im Gebirge bekommen sollte. Hey, dass hätten wir auch noch gestemmt.

Hatte ich mal erwähnt das meine grenzenlose Sturheit mich schon über so manchen Berg hat kommen lassen? Und das auch im übertragenen Sinne!

Dies führte auch dazu, dass ich eines meiner größten Traumata in den Sack steckte, um alles zu tun was ging. Durch ein Trauma in der Kindheit konnte ich nicht in eine Schwimmhalle, dies triggerte mich einfach zu stark. Jedoch war als Therapie bei Symphysen und Beckenlockerung genau das empfehlenswert. Also hieß es Augen zu und durch! Wollte ich schließlich meine Muskeln so lange wie möglich erhalten, um meine Hunde zu trainieren. Ich sage ja, sie sind meine eigentlichen kleinen Therapeuten. So ging ich dreimal die Woche in die Schwimmhalle und freundete mich gerade langsam mit der Sache an, da kam Corona. Was für ein grenzenloser Mist, die Schwimmhalle wurde geschlossen.

Was nun? Ich war ziemlich angepisst, dazu natürlich auch verunsichert, wusste gerade am Anfang keiner in dieser Pandemie wie groß das Ausmaß werden sollte. Es war der März 2020. Auch wurden Dinge was Krankenhaus und Betreuung durch die Hebamme angeht reglementiert. So war nicht sicher, ob Jan überhaupt bei der Geburt dabei sein dürfte. Auch stand nicht fest, inwiefern meine Mama zu mir kommen dürfte, um ihr kleines Enkelkind zu sehen. Dies traf uns besonders, da sie leider in ihrer Schwangerschaft ihre Mama verloren hatte und dann die äußeren Umstände dazu führten, dass sie mit mir als Neugeborenes umziehen musste. In ein völlig herunter gekommenes Haus mit Garten. So war mit einem Mal einfach nicht die Zeit für ein Neugeborenes. Natürlich wurde ich versorgt, aber einfach mal im Arm halten und das ganze in Ruhe genießen, war ihr nicht vergönnt. So sollte sie doch mein Baby kuscheln und halten können.

Relativ früh stand für uns der Name von unserem Kind fest, Sie sollte Sønnei heißen. Da in Norwegen Doppelnamen üblich sind kam Jan irgendwann aus der Küche und meinte, hey lass uns ihr den Namen von deiner Mama als Zweitnamen geben. Meine Güte war ich geplättet. Meiner Mama sollten wir davon erst erzählen, als Sønnei Sylvia auf der Welt war.

Nun zurück zu der Schließung der Schwimmhalle. Was sollte ich nun tun? Zum einen hatte es wenigstens einen Teil der Muskeln erhalten, deren sterben nun vorprogrammiert war, zum anderen war es angenehm gegen die Schmerzen. Da wir selbst keine Badewanne hatten fragten wir einen Freund hier im Ort, ob ich seine Badewanne nutzen könnte. War selbstverständlich kein Problem.

Das ist eh eine Sache, die ich in allen nordischen Ländern so erlebt habe. Haus und Hof stehen gerade gegenüber Freunden immer offen. So ging ich zweimal die Woche in seine Wanne, zumeist war er nicht mal zuhause. Obwohl ich immer seine Katze als treue Aufpasserin an meiner Seite hatte. Eines Abends, als ich mal wieder dort war und er überraschenderweise auch kamen wir für länger ins Gespräch und es führte zu einem ganz besonderen Moment, der mir bis heute in Mark und Bein geht. Ich werde das nie vergessen!

Trotz, dass ich ein wandelndes Walross war, blieb ich an dem Abend recht lange und wurde noch mit einem reichlichen Essen verwöhnt. Wärend die Katze ihren Lieblingsplatz auf meinem Bauch gefunden hatte und von dem sie auch nicht mehr weichen wollte.
Tiere sind einfach was besonderes.

Fragt bloß nicht wie ich da hochgekommen bin und so grinsend bei meinen Hunden stehe...

Kurz vorm platzen. Auf dem Weg nach unten dachte ich, ich löse die Wehen aus!

Da meine Hunde mich aber immer dazu anspornen über mich hinaus zu wachsen, fuhr ich wirklich bis 4 Wochen vor errechneten Termin. Mein Kind hingegen schlug Purzelbäume in meinem Bauch. Schlafen war bei dem Kind nicht. Sie tobte und machte, was ging. Schon damals sagte eine Freundin zum Spaß zu mir, dass sie dieses Kind niemals Babysitten wird, nur das ich gleich Bescheid wüsste. Was sollte da auch bei mir rauskommen. Grins. Wenn wir Schlitten fuhren, pedalte sie gefühlt schon munter mit und lernte somit das Schlittenfahren von der Pike auf. Immerhin wusste ich immer, dass es ihr scheinbar gut ging. Nur ein einziges Mal war sie still. Was einen sofortigen Besuch im Krankenhaus mit sich brachte, da dies nun wirklich ungewöhnlich war. Als dann nach stundenlanger Fahrt und warten im Krankenhaus endlich die Ärztin kam, um ein Ultraschall zu machen, hielt das Kind nicht eine Sekunde still, so dass wir Herz und alles andere kontrollieren konnten. Sie war wieder in ihrer alten

Form zurück. Prima, was sollte da wohl auf die Welt kommen…

Aber hey, ich war eine sexy schwangere, nur Sharon mutierte innerhalb der Schwangerschaft zu einem Alaskan Malamuten.

Die Geburt

So langsam näherte ich mich dem errechneten Geburtstermin und meine Schmerzen wurden langsam aber sicher unerträglich. Die letzten zwei Wochen verbrachte ich mehr oder minder auf allen Vieren auf dem Gymnastikball hängend. Weder laufen, sitzen oder stehen waren erträglich und mein rechtes Bein sprang auch immer wieder aus seiner Halterung, da alle meine Bänder zu Gummibändern mutiert waren. Dem kleinen Querulanten in meinem Bauch ging es hingegen nach wie vor prächtig, so dass sie nicht an Auszug dachte. Da ich in meinem Alter, für die Aussage hatte ich meiner Hebamme Prügel angedroht, schon zu den Risiko Schwangerschaften zählte bekam ich eine Überweisung ins Krankenhaus zwei Tage vor dem errechneten Termin. Also dem 15.05.2020. Somit einen Tag nach meinem 40zigsten Geburtstag.

Die Hebamme rief zusätzlich im Krankenhaus an, dass sie mich doch bitte gleich dabehalten sollten und gegebenenfalls die Geburt einleiten sollten. Da es mir als Mutter nicht mehr gut ginge. Sie hatte Angst das ich sonst einfach keine Kraft mehr hätte. Zudem war mein Muttermund eh schon seit gut zwei Wochen 2,5cm offen. Das Ding musste also nur noch rausplumsen.

Nun ergab sich aber das Problem wie dort runterkommen. Da keine Wehen eingesetzt hatten mussten wir die Strecke selbst fahren. Wie also dreieinhalb Stunden im Auto dort hinkommen?

Auf allen Vieren gestaltet sich das schwierig…

Aber irgendwie musste es gehen. So machten wir uns kurz vor 8:00 Uhr am 15ten auf den Weg runter nach Kristiansand. Noch wohlgemutes. Trotz Corona wussten wir das zumindest direkt bei der Geburt Jan dabei sein dürfte. Nur davor musste er halt im Auto warten. Angekommen ging ich also hinein und bekam mein CTG und wurde untersucht. Ebenfalls wurde eine Eipollösung gemacht.

Eine wohl sehr alte Methode zur Geburtseinleitung, beziehungsweise dem ganzen auf die Sprünge zu helfen. Ebenfalls wurde festgestellt das ich inzwischen 3,5cm offen war, wurde aber damit entlassen und nach Hause geschickt.

Ich meldete mich bei meinen beiden Hebammen und berichtete. Ich muss dazu sagen das in den letzten drei Wochen vor der Geburt immer zwei Hebammen Rufbereitschaft haben, damit man in jedem Fall immer eine erreicht. Diese geben einem sogar Bescheid das sie kurz einkaufen gehen, wenn sie kurz auch nur das Haus verlassen. Beide Hebammen wurden jedenfalls zu Rumpelstilzchen!

Aber was blieb mir anderes übrig. So saß ich jammernd im Auto dank massiver Schmerzen und Krämpfen. Da ich die gesamte Schwangerschaft Unterleibskrämpfe hatte unterschieden die sich jetzt auch nicht. So hielt ich bis Evje durch. Also eine gute Stunde zurück von Kristiansand. Dort erklärte ich Jan, dass ich mich zumindest in den Kofferraum legen musste.

Fragt nicht…

Ein Traum, hochschwanger im Kofferraum eines Dacia Logan. So fuhren wir weiter bis Rysstad was eine weitere gute Stunde von Kristiansand und anderthalb Stunden vor Hovden liegt. Dort hatte ich gepflegt die Schnauze voll!

So riefen wir die Hebamme an und erklärten ihr mein Missvergnügen. Ich sollte sofort in Rysstad anhalten und dort in die Ambulanz, sie war auf dem Weg. Als sie mich dort untersuchte, grinste sie und meinte ich wäre inzwischen 5cm offen, hätte alle 5 Minuten Wehen und wir würden dann jetzt mal ins Krankenhaus fahren! Na Jipi, nein ich fühlte mich ja mal so gar nicht verarscht…Ironie aus!

Immerhin hatte ich so den Trip im Krankenwagen gebucht, nur Jan musste mit dem Auto hinterherfahren. Wir kamen bis Evje, dort ruft standartmäßig die Hebamme schon mal im Krankenhaus an, um ihnen Bescheid zu sagen, wie weit die Geburt ist, man also erstmal noch ins Zimmer kommt oder gleich in den Kreissaal. Was allerdings das Krankenhaus antwortete, konnte man nur mit Humor nehmen. Sie waren voll belegt und konnten mich nicht aufnehmen!

Ja, ihr hört richtig, trotz das Kristiansand das Krankenhaus war, in dem ich auch zur Geburt angemeldet war, lehnte es mich ab! So stoppten wir erstmal in Evje vor einem Yoga Laden. Das entbehrte nicht einem gewissen Humor. So warteten wir darauf das Kristiansand das Ganze mit Arendal klären würde. Dies liegt zwar nochmal eine Stunde weiter, war aber das einzige Krankenhaus, was es überhaupt noch dort in der Nähe gab. Nach einer halben Stunde rief jedenfalls meine Hebamme im Krankenhaus in Kristiansand nochmals an und war nicht mehr ganz so freundlich gestimmt. Sie hatten nichts geregelt und die Hebamme schimpfte ins Telefon, das sie hier mit einer Frau auf einem Parkplatz stehe, die mitten in der Geburt war! Mein Gedanke war, gut das ich so eine entspannte Gebärende war, nun stellt euch mal vor das passiert ausgerechnet einer Frau, die eine Riesenangst vor der Geburt hat. Ist nun auch nicht selten. Schlussendlich rief sie selbst in Arendal an, die ihr zwar auch antworteten das sie eigentlich voll besetzt wären, mich aber trotzdem nähmen. So ging die Tour weiter nach Arendal. Dort kamen wir 23.00 Uhr an. Ich war also seit 15 Stunden!!!!!! Unterwegs. Das alles in meinem Zustand. Hier muss man Überlebenswillen haben, plus Humor. Meine Mama, die ich zwischendurch anrief, fand die Nummer nicht ganz so witzig, was verständlich war, ich musste es aber leider so nehmen wie es war.

Ich bekam einen Einlauf und wurde erstmal ins Zimmer verlegt. Da ich schon so lange Unterwegs war, oder auch weil sie wirklich keine Kapazität hatten, wir werden es nie herausfinden, gaben sie mir Tabletten die schlussendlich die Wehen komplett stoppten. So warteten wir die Nacht, doch kamen sie nicht zurück.

Am nächsten Tag, meldete sich nach wie vor nichts und wir standen vor einem kleineren Problem. Wir hatten niemanden, der sich um die

Hunde kümmerte. Einmalig für einen Tag zuhause zu lassen, wo sie allein rein und raus konnten, war nicht das Problem. Aber jetzt wussten wir nun ja nicht, wann es bei mir weiter ging. Dank Corona dürfte man das Krankenhaus nicht wieder betreten, wenn man einmal drin war. In Kristiansand war Jan im Auto geblieben und hätte jederzeit nochmals nach Hause fahren können. Da ich aber ja eigentlich mitten in der Geburt war, war er natürlich in Arendal gleich mit reingekommen. So sprachen wir mit den Hebammen und sie drückten alle Augen zu, so durfte er nach Hause fahren mit der Bedingung, dass er nirgends anders hingeht, sondern nur die Hunde versorgt. Mehr wollte er ja gar nicht. So fuhr er nach Hause und ich wartete auf meine Wehen. Den ganzen lieben langen Tag, immer wieder kam eine Hebamme rein und fragte, ob meine Wehen zurück wären. Aber nix.

So verstrich der Tag und es war später Nachmittag als wieder eine Hebamme mit derselben Frage kam, die ich wieder verneinte.

Dann kam von ihr die Frage, ob ich denn nicht jemanden in Arendal kennen würde. Nein, wieso?

Dann kam die Antwort, die wohl so ziemlich jedem die Socken ausgezogen hätte. Ja, sie müssten mich jetzt entlassen. Gehts noch? Das sie mich bei der Größe der Öffnung des Muttermundes sowieso hätten gesetzlich nicht mehr entlassen dürfen, wusste ich zu dem Zeitpunkt nicht. Wer informiert sich schon zu rechtlichen Sachen in Bezug auf eine Geburt!?

Dazu kam, dass bis Jan nach gut viereinhalb Stunden bei mir gewesen wäre, wir Mitternacht viereinhalb Stunden durchs Gebirge nach Hause hätten fahren müssen. Mit Strecken, wo eine halbe Stunde keine Ortschaft und nichts ist. Ich rief meine Hebamme an, zu diesem Zeitpunkt dann schon unter Tränen, auch mein Humor hatte Grenzen! Der platzte wohl dezent der Kragen und sie rief das Krankenhaus an, spontan fanden die dann ein anderes Zimmer für mich. Danke, an meine kämpferische Hebamme.

Was ich aber erwähnen sollte, die Hebamme, die mir zuletzt die Frage stellte, hatte Mitleid mit mir und bot mir ebenfalls das Zimmer ihrer Tochter an, da sie nicht weit vom Krankenhaus wohnte. Allerdings sollte ich dort zu Fuß hinlaufen…Wie sie sich das vorstellten ist mir ein Rätsel. Dazu erfuhr ich später, dass mich das Krankenhaus auch nicht offiziell entlassen konnte, beziehungsweise entlassen hätte. Nein, sie hätten mich jeden Tag zur Untersuchung, quasi durch den Keller rein und raus geschmuggelt. Agent schwanger, sozusagen.

Ich weiß noch wie ich an dem Abend mit einer Freundin schrieb und wir versuchten über die Situation zu lachen. Sie fragte, ob ich nicht Handschellen mitgenommen hätte, um mich ans Bett zu ketten! Ja, verdammt, an alles hatte ich im Koffer gedacht, aber nicht an die Handschellen. Am nächsten Tag kam dann eine weitere Hebamme und wollte die Blase öffnen. Ich bat sie noch um eine Stunde Aufschub, so dass Jan die Strecke zu mir schaffen konnte. Sie kam auch Punktgenau eine Stunde später und öffnete die Blase. Innerhalb von 30 Minuten setzten die Wehen ein. Es war der 17.05.2020, der Nationalfeiertag Norwegens und der zählt hier mehr als Weihnachten, Ostern und Geburtstag zusammengenommen! Schlussendlich war es auch der errechnete Geburtstermin und ich halte mich schließlich an Pläne.

Jan war dann eine halbe Stunde bevor es in den Kreissaal ging bei mir, er hatte die Strecke in einer Top Zeit geschafft.

Die ersten zwei Stunden versuchte ich auf allen Vieren, leicht aufrecht mit Lachgas die Nummer zu überstehen, danach wechselte ich auf den Rücken da mir einfach die Kraft fehlte. Das Lachgas ließ ich dann weg. Zwischendurch schob ich eigentlich nur einmal Panik, weil ich nicht wusste, ob ich genug Kraft für bis zum Schluss hätte, aber die Hebamme meinte, dass sei eh immer der Zeitpunkt, wo alle Frauen gehen wollen. So zog ich es durch. Nach sechs Stunden kam Sønnei Sylvia vollkommen entspannt auf die Welt, mit 3304 Gramm und 50cm. Sie hatte das ganze zumindest bis zum Schluss entspannt genommen und die Hebammen meinten es war eine Traumgeburt. Ganz natürlich und perfekt im Timing. Dazu muss ich allerdings sagen das meine Hebamme, die die Geburt begleitete, auch super entspannt war und ich in solchen Momenten auch ganz auf diese höre. So befand ich mich in einer Blase und bekam quasi nichts mehr von meiner Umwelt mit, nur im Hintergrund die leise Stimme meiner Hebamme. So hätte ich die Nummer auch mitten auf dem Marktplatz durchgezogen! Es war mir alles egal, hatte ich vorher Angst gehabt nackt zu sein, hatte ich bei der Geburt nur noch meinen BH an, weil ich schwitzte wie ein Stier. Es war mir alles egal, ich war in meiner Blase mit der Stimme im Hintergrund.

Eine Minute nach der Geburt hatte ich auch schon wieder meinen Humor zurück und scherzte mit der Hebamme und der Ärztin, die zwei Minuten vor der Geburt dann reingerannt gekommen war.

Vier Mädchen und zwei Jungs wurden am Nationalfeiertag geboren. Daher auch die Flagge am 17ten.

Zwei Stunden nach der Geburt musste Jan dank Corona allerdings das Krankenhaus verlassen. Trotzdem waren wir froh, war doch alles mehr oder minder glatt gegangen.

Nun stand ich also da, mit einem kleinen Bündel Leben in der Hand und konnte doch selbst kaum stehen. Ich weiß noch immer wie ich sie in ihr Bettchen legte und dies als Rollator nutzte um zu dem Wickeltisch im Zimmer zu krauchen. Keine Ahnung, gefühlt brauchte ich dafür eine halbe Stunde. Dann stand ich volldeppert da, hatte ich noch nie eine Windel gewechselt. Aber irgendwie war das Ding dann zum Schluss am Kind und überlebt hatte es dies auch.

Also alles in allem erfolgreich.

Nur mit dem Stillen hatte ich so meine liebe Not. Es wollte nicht klappen, auch wenn ständig Hebammen sich Zeit nahmen und versuchten zu helfen. Zum Schluss bekam ich dann auch noch Panik mein Kind könnte verhungern, hinzu kam das Sønnei auch langsam gefrustet war. Ich heulte jedenfalls wie ein Schlosshund und kam mit der Welt nicht klar. Obendrein wollten mich alle, mal wieder dank Corona, so schnell wie möglich entlassen. So holte mich schlussendlich Jan am dritten Tag ab. Was es bedeutet einen Weg von viereinhalb Stunden mit einem Neugeborenen zu haben und einer Mutter, die kaum sitzen konnte, weil alles noch auf zehnfache Größe angeschwollen war, muss ich hier wahrscheinlich keinem erklären.

Auf halber Strecke hatte ich jedenfalls meinen Milcheinschuss. So war das Problem zumindest vom Tisch. Ich hatte später dann auch so viel Milch, ich hätte ein ganzes Dorf ernähren können. Nach zwei Tagen kam dann auch die Hebamme zu uns und machte drei Kreuze, war sie erleichtert, dass das Kind gesund und munter auf der Welt war.

Sie hatte an uns Nerven gelassen.

Gestillt habe ich mein Kind später dann von gewünschten sechs Monaten ganze einundzwanzig Monate. Manchmal muss man es sich halt erkämpfen.

Umzug nach Breive

In Hovden lebten wir nun schon seit 6 Jahren in einer kleinen Hütte und fühlten uns dort sehr wohl. Sicherlich war sie unglaublich klein und egal, wo man hinsah, fiel sie auseinander, aber sie hatte einfach Charme. Zudem hatten wir dort einen gewissen Familien Anschluss zu der Oma gegenüber der Straße. Wir mieteten die Hütte von ihrer Tochter. Ich investierte viel Zeit in die Instandhaltung, jedoch war das kein Problem für mich. Dort baute ich auch ein extra Gebäude, was meine damalige Werkstaat war. Ich liebte sie von ganzem Herzen. Jedoch kam dann alles anders als geplant. Da sie ihr eigenes Haus auch nur vom Onkel geerbt hatte, musste sie noch die jeweiligen Geschwister ausbezahlen und musste/ wollte die Hütte verkaufen. Dies kam allerdings, wie so manches im Leben, zu dem denkbar unpassendsten Augenblick.

Die Neuigkeit kam als ich gerade am Beginn der Schwangerschaft war. Dazu muss man sagen, dass es hier in Hovden so gut wie nichts zu mieten gibt. Alles steht eher zum Verkauf und das zu exorbitanten Preisen.

Somit stand alles auf der Kippe, weiter raus aus Hovden ging auch nicht da wir nur ein Auto besitzen und ein weiteres definitiv unmöglich war. Waren wir aber zeitgleich arbeitstechnisch an Hovden gebunden. So stand alles auf der Kippe, alles, was bis dahin so gut im Fluss war, stand nun in Frage. Sollten wir zurück nach Deutschland, oder ziehen wir woanders in Norwegen hin und, oder wie finanzieren wir nun unsere kleine Familie.

So suchten wir was neues, was einfaches und das halbe Dorf suchte mit. Es tat sich einfach nix auf. Es dämpfte die Freude auf das kleine Wesen in mir, konnte ich nicht mal ein kleines Zimmer für sie vorbereiten…Schlussendlich fiel mir das alte Haus ganz hinten in Breive ein, dies stand seit Jahren leer. Es wurde gebaut und genutzt als dort hinten tief im Berg ein Tunnel und somit eine Kraftstation gebaut wurde. Diese Kraftstation war aber lange fertig und somit stand das Haus leer. So war mein Vorschlag, lass uns doch mal die Kraftgesellschaft anrufen, vielleicht vermieten sie. Zuvor recherchierten wir im Internet, das jedoch das Haus ein Jahr zuvor an jemanden in Hovden verkauft wurde. Der war jedoch gerade in New York. Wir schrieben ihm eine SMS, das wir doch gerne das Haus mieten würden, wir würden auch alles selbst machen, ob er Interesse hätte.

Bis dahin hatte er daran noch nicht gedacht, da das Haus nicht gerade dem heutigen Standard entsprach, aber er war begeistert von der Idee. So trafen wir uns dann als er wieder zurück in Hovden war. Er war unglaublich chillig, man kann es nicht anders sagen. Klar könnten wir hier wohnen, und hey wir könnten auch einen riesigen Zwinger bauen und Wände einreißen, was auch immer. Ich war etwas überfordert. Zudem kam, dass es gefühlt tausende Zimmer gab und ich den Überblick verlor. Jedoch durften wir uns das Haus auch danach noch in Ruhe anschauen und klar wir durften auch schon umbauen, ausräumen, was auch immer. So hatte ich zumindest die Möglichkeit ein Zimmer schon mal als Kinderzimmer zu bestimmen. Auch versuchten wir das Haus schon mal auszuräumen, denn wir hatten ein vollständig volles Haus übernommen, selbst die Kaffeetasse stand noch auf dem Tisch, samt Bauplänen zum Tunnel neben uns im Berg. Zehn Betten mit Bettzeug, Schränken und Tischen, alles musste irgendwo verstaut werden. Hinzu kam kurz vorm Umzug auch noch der Bau vom Zwinger, dies alles mussten wir allein stemmen. Der Umzug kam dann mit einem 4 Wochen altem Baby, allein ohne jegliche Hilfe, dank Corona. Nur Rolf Arne nahm sich ein Herz und half einen Nachmittag mit den Tiefkühltruhen und ein paar weiteren schweren Sachen. Riesenknuddler an dich! In gewisser Weise wiederholte sich also das ganze von meiner Mama, die zum selben Zeitpunkt mit einem Baby zuhause raus musste und in ein völlig herunter gekommenes Haus ziehen musste. Wir hatten so viel Arbeit und wollten doch auch unser Baby genießen. Nur wir mussten fertig werden bevor der Winter kam. Denn im Winter bin ich Strohwitwe. Im Winter arbeitet Jan als Loipenfahrer im Pisten Bulli und arbeitet somit 7 Tage die Woche für 6 Monate durch. Dazu sind die Tage meist noch recht lang. Klar leben wir im Sommer davon, aber der Winter ist somit halt immer sehr zäh für alle.

Als wir dann frisch nach Breive gezogen waren ergab sich dann trotz Corona die Gelegenheit das meine Mama kommen konnte. Zuvor war absolutes Reiseverbot. Als es möglich war, riefen wir zuhause an und fragten, wie schnell Mama ihren Koffer packen kann. In Minutenschnelle! Am nächsten Tag stieg sie schon in den Flieger.

Ich holte sie in Kristiansand ab und empfang sie mit Sønnei im Arm. Damit hatte sie gar nicht gerechnet, ein Bild was sie und ich wahrscheinlich nie mehr vergessen werden.

Schön ist es schon, aber sehr einsam.

Endlich war sie da und konnte nach Herzenslust das Enkelkind kuscheln. Sie half aber auch das Haus ein wenig zu putzen und zu räumen. Hinzu kam, dass die Hütte, in der wir zuvor lebten, nach wie vor komplett geputzt werden musste und auch noch immer Sachen von uns dort waren.

Zum Putzen kamen jedoch etliche Omas und Freunde, weil hier zur Übergabe selbst die Wände abgewaschen sein müssen. Irgendwann saß ich mit Sønnei im Arm draußen, umgeben von Krempel und Putzzeug, ich konnte nicht mehr und war emotional verzweifelt. Ich wollte hier eigentlich nicht weg. Hinzu kam der Verlust meiner heißgeliebten Werkstatt. Meine Mama konnte mich mehr als verstehen. Manche Dinge wiederholen sich leider, aber immerhin hatte ich sie noch an meiner Seite und das zählte über alles.

Weinend verabschiedete ich mich von meiner Werkstatt, um ein neues Leben in Breive zu starten.

Breive ist schön, unglaublich schön, aber auch unglaublich einsam.

Kein Fußgänger, kein nichts kommt hier je vorbei, dass ist sicherlich durchaus ganz schön, zeitgleich fühlt man sich aber auf Dauer wie auf einem anderen Planeten. Da ich nun auch noch meine Firmenräume hier im Haus habe, komme ich kaum raus und das ist manchmal sehr schwer. Inzwischen ist es besser geworden, weil sich eine Handvoll Freundschaften die letzten eineinhalb Jahre gebildet haben. Jedoch zählt man selbst unter den Einwohnern zu den besonderen, anderen. Die, die da hinten wohnen, dort wo selten ein Schneepflug vorbeikommt, da wo noch das Alte ist. Man muss dazu sagen, dass in Breive auf einem Kilometer gestreckt nur 5 Familien leben und wir sind die allerletzten. Nun also wirklich hinter den sieben Bergen, oder halt kurz gesagt, am Arsch der Welt!

Der Blick aus dem Wohnzimmerfenster.

Inzwischen haben meine Mama und ich einen Spruch. Wenn ich mal wieder einsam bin, oder deprimiert, alles also kurzum scheiße ist, kommt immer der Spruch: „Aber die Aussicht ist toll!"
Oh ja, die Aussicht ist fantastisch, nur ist sie das jeden Tag und ändert nichts an den Umständen. Aussicht ist halt nicht alles, es ist der goldene Käfig. Wir müssen in jedem Fall dann beide immer lachen! Insider Humor eben.
Im Winter kommt allerdings auch noch hinzu das es hier ein Eispalast wird. Ab Mitte November, bis Mitte Februar verschwindet die Sonne hinter dem Bergmassiv vor unserem Fenster. Sie steht dann so flach, dass kein einziger Sonnenstrahl uns erreicht. Das macht das ganze hier noch zusätzlich dunkel und verborgen.
Nun wohnen wir also in Breive, inzwischen das vierte Jahr. Immerhin können wir nun behaupten, dass wir einer der wenigen sind, die als

Husky Besitzer eine Freundschaft mit Schafsbauern pflegen. Diese hassen normalerweise mehr oder minder alle Hunde Besitzer, im speziellen aber Huskys. Ihnen wird von vornherein der Wolfsinstinkt angeschrieben. Da ihre Schafe den gesamten Sommer frei in der Gegend rumlaufen, fürchten sie um ihre Tiere. Inzwischen ist eine ihrer Töchter mit Mann und Baby zurück nach Breive gezogen und wollen hier wohnen bleiben. Mit allen sind wir freundschaftlich verbunden und freuen uns das sogar noch welche hier in die Einsamkeit gezogen sind.

Besuch.

So könnte man sagen das wenigstens mal jemand zu Besuch kommt und sei es nur in dieser Form auf vier Beinen. Im Winter jedoch sind wir häufiger mal abgeschnitten von Hovden und kämpfen uns durch massenhaft Schnee.

Sønnei und die Huskies

Aber kommen wir zum Leben mit Sønnei und einem Rudel Huskies. Da meine Vierbeiner freien Zugang Zwinger- Haus haben, leben wir eng mit ihnen. Somit mussten sie sich auch an die neue Situation gewöhnen. Ich bezog sie aber immer mit ein, sie dürften beim Stillen neben mir mit im Bett liegen, oder wo auch immer. Auch war die Wahl eines Kinderwagens rein in der Sicht getroffen worden das ich ihn mit einer Hand und ein paar Huskies am Bauch lenken konnte. Was muss das muss. Jedoch musste ich erstmal wieder mühsam laufen lernen. Schwer gestützt auf den Kinderwagen kämpfte ich um jeden Meter. 200 Meter waren am Anfang undenkbar. Im Nachgang kaum mehr vorstellbar. Unglaublich wie Erinnerungen verblassen. Aber ich weiß noch wie immer Rett's Haus mein Ziel war und das lange unerreichbar war. Aber ich gab nicht auf und so erweiterte ich immer weiter meine Strecken und versuchte mit spezieller Gymnastik meine Muskulatur wiederzufinden.

Mona am gucken.

Fenja mein Schatten übernahm das Verhalten auch bei Sønnei.

So vergingen die Wochen wie im Fluge. Wir brachten das Haus in einen Zustand das der Winter kommen konnte und bekamen eine neue Pumpe. Dieses Haus hat nämlich einen eigenen Brunnen und die Pumpe flog uns gleich am Anfang um die Ohren. Da zu dem Zeitpunkt Sommerferien waren hätten wir vier Wochen lang kein Wasser im Haus gehabt. Dinge, die man unbedingt braucht, mit einem frisch geborenen. Kurzerhand verlegten wir einen langen Schlauch hoch in den Bach und schlossen diesen ans Haussystem an. Viel Druck war das nicht, aber es reichte, um sogar die Waschmaschine zu betreiben, was will man mehr. Die ersten Wochen kam noch hinzu das Sønnei pünktlich jeden Abend Koliken bekam. So fand ich mich jeden Abend stundenlang singend wieder. Ich mag nicht singen, nein, nein und nein. Ja, und wie sollte es anders sein wurde Schneeflöckchen Weißröckchen das Lied!
Wir dichteten noch drei Strophen hinzu und irgendwann konnte ich mich damit so langsam, aber sicher selbst in den Schlaf singen.

Inzwischen ist noch eine weitere Strophe dazu gekommen, um alle Hunde abzudecken. Denn, auch nach dreieinhalb Jahren singe ich dieses Lied jeden Abend zum Einschlafen und sei es im Hochsommer…

Was soll ich sagen, ich weiß überhaupt nicht, warum mein Kind inzwischen so eine starke Bindung zu Schnee aufgebaut hat…

Hüstele. Nachdem dann mein Papa auch glücklicherweise noch im Herbst uns besuchen konnte, hatten wenigstens meine Eltern das Kind gesehen. Jans Papa konnte leider nicht mehr zu uns kommen da er genau zu unserem Umzug nach Breive die Diagnose Krebs erhalten hatte. Jedoch sollte der Kerl noch ziemlichen Biss haben und im nächsten Sommer doch noch sein Enkelkind kennenlernen können.

Hier nun unsere eigene Spezialversion von Schneeflöckchen Weißröckchen! Bei der vorletzten Strophe bekomme ich auch nach hunderten Malen, immer jeden Abend einen Lachanfall.

Schneeflöckchen Weißröckchen wann kommst du geschneit,
du wohnst in den Wolken dein Weg ist so weit.

Komm setz dich ans Fenster du lieblicher Stern,
malst Blumen und Blätter wir haben dich gern.

Schneeflöckchen Weißröckchen deck die Blümelein zu,
dann schlafen sie sicher in Himmlischer Ruh.

Schneeflöckchen Weißröckchen weck die Hündelein auf,
dann ziehn sie den Schlitten diiie Berge hinauf.

Schneeflöckchen Weißröckchen wehe den Trail nicht ganz zu,
dann finden die Huskies auch den Weeeg zum Ziel.

Die Ylva, die Fenja, die Mona, der Jack und auch die Vinga,
dieee haben dich lieb.

Die Freya und der Baldur, machen wieder mal nur Quatsch
und springen mit der Aveli in den Schnee ee ee-matsch.

Schneeflöckchen Weißröckchen komm zu uns ins Tal,
dann bauen wir den Schneemann und werfen den Ball.

Kleine Touren zum Abschalten vom Wahnsinn.

Der stolze Papa, im Vordergrund mit der Blume unserer Gemeinde. "Søtrot"

Das erste Herbstraining mit Kind

Und ehe man sichs versah, war Herbst. Und nun wollte ich dies mit Sønnei, die 4 Monate alt war, machen. Also wurde sie in so viele Schichten eingepackt, das ich sie hätte, auch als Ball werfen können. Dann ging es aufs Quad. Dazu steckte ich sie in ein Tragetuch oder die Trage von Baby Björn. Da ich zu dem Zeitpunkt nur fünf Hunde hatte, hatte ich somit auch perfekte Kontrolle über mein Gespann. Nach unseren Runden kippte ich allerdings vom Quad. Meine Güte, ich konnte vor Schmerzen nicht mehr absteigen oder irgendwie stehen. Aber, was soll ich sagen, durch die Bewegung des Quads auf dem Schotterweg bekam meine Hüfte so viel Training, das ich zum Winter hin wieder halbwegs laufen konnte. Ist zugegeben ein wenig die harte Variante. So waren wir jeden zweiten Tag draußen, welch Wetter auch immer war. Ein Naturkind durch und durch!

Eine neue Erfahrung, als wenn man nochmal neu anfängt.

Erste Schlittentouren

Die allererste Schlittenrunde sollte hier vom Haus aus starten und den Weg hoch ins Væringsdalen gehen. Meine Güte war ich aufgeregt. Bis dato hatte ich 20 Jahre auf dem Schlitten gestanden und hatte auch mal Gäste mit auf dem Schlitten. Aber mit dem eigenen kleinen Wurm von gut 6 Monaten im Schlitten war es eine ganz neue Erfahrung. Falls Du mein Kind, den Mist hier später mal liest, es war der 03.12.2020. So sollte die erste Runde rund 50 Minuten dauern und es war so aufregend. Später sollte mein Kind, so gut wie immer, tief und fest im Schlitten schlafen, selbst als sie schon lange keinen Mittagsschlaf mehr machte. Der Schlitten bedeutete für sie immer absolute Entspannung. Da konnte draußen der Sturm toben, dann saß sie dick eingemummelt unter einem Schlafsack verborgen und die Welt war großartig.

Mein kleiner Schatz.

Mit der Zeit wurden unsere Runden immer größer und wir genossen unsere Freiheit gemeinsam. Wir Mädels bis zum Ende der Welt und noch darüber hinaus. So fuhren wir natürlich auch so lange, das ich Sønnei zwischenzeitlich stillen musste. Gut, dass die Milchbar immer mit dabei war. Bei -25°C musste ich dann aber doch wenigstens ein kleines Feuer machen, um nicht Eiswürfel zu produzieren.

Stillen bei -25°C, es geht!

Trotz anfänglicher Schwierigkeiten und Bedenken das, dass Ganze mit dem Stillen nicht unser Sein würde, fanden wir später unseren Flow. Es gab uns die Möglichkeit immer und jederzeit flexibel zu sein und mit der Natur ganz eins.

Unsere Touren führten uns von Lislesåta, zu Galtenflotti, Væringsdalen, Vesterdalen, store Førsvatn und Lislevatn, wir waren nicht zu stoppen.

Glückliches Kind.

Pause Lislevatn.

Vesterdalen.

Die letzte Tour der Saison führte in Richtung Galtenflotti.

Ganz cool!

So verging die Saison und das kleine Baby wurde immer selbstständiger. Immer mehr agierte sie aktiv mit den Hunden auch im Haus. Und wie sollte es anders sein, mussten wir sie aus sämtlichen Hundenäpfen ziehen. Sie warf sich mit Freude mitten rein ins Getümmel und die Hunde nahmen sie quasi als Welpen auf.

So, ich gebe zu, ich war gerade Schlitten fahren. Irgendwie komme ich heute nicht so recht rein ins Schreiben und was kann da geiler sein, als mal eine Runde Schlitten zu fahren zwischendurch. Ich bin ein bisschen zum Eismännchen mutiert, da die Hunde motiviert waren und ich nicht mitarbeiten brauchte. Nun haben wir heute -28°C. Es war aber alles so friedlich und schön, alles scheint unter der Schneedecke zu schlafen. Das Einzige, was man einfach wohl nie schönreden kann, ist beim Einspannen der Hunde die Karabiner aufzutauen. Jeder einzelne Karabiner friert zusammen und muss mit einer Hand aufgetaut werden. Zum einen ziehen an der einen Hand ein bis zwei Hunde während man mit der anderen versucht die Karabiner aufzutauen. Metall bei den Temperaturen in der Hand aufzutauen ist nicht schön, spätestens beim vierten Karabiner friert einem die Hand ab und schmerzt wie Sau.

Kommen wir zurück zu Sønnei. Sie tobte durchs Haus und um den Wahnsinn perfekt zu machen, zog Freya als Welpe zu uns ins Haus. Kinder und Welpen in Verbindung sind schon was Besonderes. So weiß man eigentlich nie, wer mehr Blödsinn anstellt.
Meine Züchterin erzählte mir später bei der Abholung von Baldur, dass als ihr Mädchen in die Kita kam, sie in der Eingewöhnungphase von den Erziehern angerufen wurde. Alles wäre ok mit ihrer Tochter. Sie krabbelte fröhlich durch die Gegend und bellte… Was soll man sagen, sie war halt geprägt.
Aber natürlich, war es so schön wie es ist, ein Kind mit Hunden aufwachsen zu sehen, nicht immer schön, geschweige denn einfach.

Gerade bei der hohen Anzahl der Hunde musste man jede Sekunde ein Auge auf sie haben. Immer waren wir also am hinterherrennen. Hinzu kam irgendwann auch die Phase das sie die Hunde anfing zu hauen, oder an ihnen zu ziehen. Eine nicht nur gefährliche Situation, sondern für mich im Speziellen eine emotional sehr schwere Zeit. Ich war schließlich die Mama von allen. Von dem Zweibeiner und den Vierbeinern. So musste ich beide Parteien schützen. Mich zerriss es, wenn ich sah, wie mein über alles geliebtes Kind einem meiner für mein Leben wichtigen Hund haute. Sicher wusste ich das ein Baby, oder Kleinkind es gar nicht als dieses definierte und alles erst lernen musste. Es machte es aber trotzdem nicht einfacher!

In gewisser Weise belohnt wurde man dann aber in den Momenten, wenn sie harmonisch miteinander kuschelten, Bücher lasen, oder sich sehr einig waren den ausgedachten Blödsinn gemeinsam durchzuziehen. So verging das Jahr wie im Fluge und die Saison war zu Ende. Sehr einsam dank Corona. Was musste das auch zusätzlich für ein Baby schwierig sein. Zum einen kannte sie dadurch keine anderen Menschen und wenn wir mal kurz beim Einkaufen waren, dann nur mit Maske. Ein Baby, was ausschließlich davon lebt die Mimik im Gesicht zu lesen, hat da keine Chance. So kam der erste Geburtstag. Ein wohl immer schöner und zugleich schwerer Tag. Freut man sich über das erste Jahr, bedeutet es zugleich den Übergang vom Baby zum Kleinkind. In unserem speziellen Fall auch noch das keiner meiner Freunde je mein Baby gesehen hatte. Nie konnte ich es ihnen in den Arm legen, noch nicht mal dem großen Stiefbruder Piet, der in Deutschland lebt. Das deprimierte mich sehr. Hinzu kam das sie eigentlich am Nationalfeiertag geboren wurde. Der wichtigste Tag in Norwegen.

17. Mai, der Nationalfeiertag

Nun war es so weit, Sønnei Sylvia wurde ein Jahr alt. Meine Güte, inzwischen konnte sie mit Hilfe allein stehen und sich irgendwo entlang hangeln. Was für neue Möglichkeiten Chaos zu stiften. Zu dem Tage tragen alle ihre Trachten, die oft über Generationen weitervererbt werden. Sie sind aufwendig handgefertigt. Jedes Dorf hat seine eigene. So erkennt man mit der Zeit, von wo wer kommt. Morgens wird als erstes die Flagge feierlich gehisst, auch in allen Gärten. Dann geht es mit Pauken und Trompeten und lautem Gesang als Festzug durchs Dorf. Alle jubeln sich zu, es ist der Geburtstag des Landes. Der Zug geht meist vorbei am Altersheim, wo ein Stopp eingelegt wird und ein paar Lieder zum Besten gegeben werden. Danach geht es zum Gemeindehaus. Dort ist dann erstmal Spaß und Spiel, es wird gegessen und viel gelacht. Im Anschluss ist zumeist erst ein kleiner Gottesdienst und danach geht es ins Gemeindehaus zum Kulturprogramm. Dort werden dann natürlich die obligatorischen Reden gehalten und Theaterstücke vorgetragen. Auch gehen diverse Preise an Gemeindemitglieder.

Danach ziehen sich alle zum großen Festschmaus in ihre Familien zurück. Ja, nur dieses Jahr, der erste Geburtstag meines Kindes sollte so ganz anders verlaufen.

Hatte ich mich so sehr gefreut mein Kind stolz zu zeigen waren jedoch in diesem Jahr alle Feiern verboten worden. Was für ein Einschnitt in die Seele jeden Norwegers und was für eine Trauer von meiner Seite! Ich hatte sogar extra nur für diesen Tag einen Strampler gestrickt. Dieser war im Muster des Setesdal. Jede Region hat hier ebenfalls spezielle Strickmuster. So wollte ich, wie wohl jede Mutter, mit meinem Kind angeben. Leider war dies alles nicht und so mussten wir den Tag allein begehen. Natürlich bekam Sønnei den Strampler trotzdem an und durfte, zum ersten Mal in ihrem Leben, ihn auch mit Herzenslust einsauen. Sie sollte einfach Spaß haben! So machten wir das Beste daraus und machten im Anschluss auch noch unseren eigenen kleinen Umzug. Was muss, das muss. Es war allerdings äußerst merkwürdig durchs menschenleere Dorf zu ziehen.

Auf weitere Interessenten ließ sich nicht lange warten.

Am 09.06.2021 ergab sich dann aber die Möglichkeit doch nach Deutschland zu reisen. Alles hing am Inzidenzwert. Nicht nur um ins Land einreisen zu können, sondern vor allem, im Speziellen, bei der Einreise später nach Hause nach Norwegen. Ab einem höheren Wert in Deutschland hätten wir bei der Einreise nämlich für zwei Wochen in ein Quarantäne-Hotel gemusst. Und dies war natürlich absolut unmöglich mit Kind und den Hunden. So beobachten wir mit Adlerauge die Zahlen und nahmen dann die allererste Fähre, die überhaupt in Richtung Deutschland ging. Natürlich jederzeit mit einem Auge auf die Zahlen, falls wir hätten, überstürzt nach Norwegen zurückgemusst.

Besuch in Deutschland

Nun ging es also auf große Fahrt. Zwei Tage mit Hunden und Kind. Innerlich war ich ziemlich angespannt. Hatte ich schon ein wenig Angst vor so einer langen Tour mit Sønnei und zudem natürlich die Ungewissheit mit Corona. Sicherlich war ich nicht panisch, aber vorsichtig schon allein wegen meines Kindes. Schlussendlich hatten wir das Glück das Sønnei Autofahren supertoll findet und selbst nach zwei Tagen weiterfahren wollte.

Meine Eltern platzten jedenfalls vor Freude als wir zuhause vorfuhren. Nun hatten sie endlich die Gelegenheit ihr Enkelkind näher kennen zu lernen. Es dauerte keine zwei Tage, als Sønnei dann in Berlin auch ihre ersten freien Schritte machte. Nun war sie offiziell Kleinkind. Da wir in Berlin jeden Tag mit den Hunden dreimal Gassi gehen mussten, zogen wir immer als großer Tross durch den Wald. Fünf Hunde, Kinderwagen und wir. So genossen wir unsere Runden und Sønnei lief von Anfang an gleich große Strecken mit, kaum stand sie also auf zwei Beinen, war sie nicht zu bremsen. Wir gingen aber auch immer mal einfach zu einem Sandberg und ließen zur großen Freude von allen sie alle buddeln. Sand haben wir hier bei uns in Norwegen nicht.

Was wir jedoch schnell merkten, war die Skepsis, bis hin zu Angst bei Sønnei gegenüber anderen Menschen. War sie aufgrund Corona und auch der Abgeschiedenheit von Breive, bis dahin komplett isoliert aufgewachsen. Gleichzeitig mussten wir aber nach wie vor vorsichtig sein. Schwierig somit. Einen riesen Boni hatten allerdings Leute, die einen Hund an der Hand hatten. Diese passten mehr in ihr Weltbild. So konnte sie sich erst dem Hund nähern und dabei den Menschen abchecken.

Die Suche nach dem Schatz.

Da wir nun endlich in Deutschland waren hatte ich einen riesigen Wunsch. Der klingt von außen betrachtet so ziemlich dämlich, aber ich versuche es zu erklären. Mein Riesenziel war es einmal in einen riesigen großen Kinderspielzeugladen zu gehen und irgendwas Sinnloses, aber schönes zu kaufen. Ich muss dazu sagen, dass ich shoppen eigentlich hasse! Aber in Norwegen kann ich auch unabhängig von Corona nie einkaufen gehen und manchmal will man Sachen vielleicht auch vorher mal in der Hand halten, richtig anschauen. Das geht hier nicht, alles muss bestellt werden. So zogen wir los in einen der unromantischen Riesenläden und Mama drehte durch…

Nur damit das klar ist, mir ist da nichts peinlich, ich werde da maximal peinlich für die Leute, die mit mir unterwegs sind. So spielte ich mich einmal kreuz und quer durch den Laden, mein Kind machte strahlend mit. Alle anderen Tage kamen dann immer wieder Freunde zu Besuch mit denen wir gemütlich im Garten saßen. So konnten alle mal mein Kind kennenlernen, trotzdem gestaltete dies sich nicht immer so entspannt. So waren doch alle durch Corona vorsichtig und alle hatten Angst mein Kind, oder uns anzustecken. So hielten sie bewusst, oder unbewusst oft abstand zu Sønnei. Klar war uns auch ein wenig mulmig zumute, jedoch wie muss das auf ein kleines Kind wirken. Nun lernte sie das erste Mal andere Menschen kennen und alle versuchten Abstand zu halten, sie teilweise nicht in den Arm zu nehmen. Sicher aus Vorsicht, aber das konnte sie ja nicht begreifen. Als sie später in die Kitaeingewöhnung kam, hatten wir so unsere liebe Not. Dazu später mehr.

Alle beisammen.

Trotzdem war ich unendlich froh alle wiederzusehen. Waren es vom letzten Besuch her schon 1 Jahr und 8 Monate gewesen. So sehr war die Zeit verrannt. Ich möchte mich allerdings hier mal in aller Form und unendlicher Dankbarkeit bei allen meinen Freunden bedanken. Denn es ist nicht nur in dem Jahr so gewesen, dass sie mich immer besuchen, sondern all die Jahre schon. Ich, inzwischen wir, wohnen ein ziemliches Stück außerhalb von Berlin, so ist der Weg immer recht weit zu uns. Da ich mit meinen Hunden allerdings noch nie so recht flexibel war, kommen seit Jahren immer alle Freunde zu uns raus. Das ist großartig und ich bin euch so dankbar. Also an alle hier kommt nun der Knuuuuutsch!

Alles hört auf mich. Also wenn wir es so und so machen, dann…

Schlussendlich fuhren wir Punktgenau zurück nach Norwegen als die Zahlen wieder stiegen. Eine Woche danach hätten wir wieder das Problem mit dem Quarantäne Hotel gehabt.

Sommer - Herbst in Breive

Zurück in Breive mussten wir den restlichen Sommer-Herbst erst einmal alles im Haus und Zwinger fertig stellen, was wir nach unserem Umzug nicht geschafft hatten. So konnte ich auch endlich wieder meiner Leidenschaft frönen und mit Holz spielen. So baute ich einen Buddelkasten und auch eine Schaukel in den Zwinger. Dazu musste auch schnellstens eine Terrasse gebaut werden. Diese diente zwar mehr den Hunden als uns, aber auch die sollten schließlich eine größere trockene Fläche draußen zum Liegen bekommen. Um das Ganze dann auch vollständig dekadent zu machen, organisierte ich noch eine gebrauchte Couch aus dem Dorf. Ein inzwischen heiß begehrter Platz.

Freya und Sønnei in ihrer Welt.

Hey, wartet auf mich.

Aber auch meine Werkstatt Räume sollten langsam Gestalt annehmen. So sollten es dieses Mal sogar drei Räume sein. In der Hinsicht ist zwar das Haus in Breive nicht so gemütlich wie die Hütte damals in Hovden, jedoch hatte ich hier die Möglichkeit bestimmte Arbeiten zu teilen. Gerade in Hinsicht darauf das ich Harz verarbeite ein absoluter Mehrwert. So hatte ich nun einen kleinen Clean Raum. Das heißt ich ziehe mich vor der Tür aus und ziehe nur Sachen an, die in dem Raum hängen. Auch kann ich den sehr schlichten Raum leicht staubfrei und warm halten, da Harz über eine Woche konstant temperiert aushärten muss. Nur große Sachen sind für mich kaum mehr händelbar, beziehungsweise umsetzbar. Dafür sind die Räume einfach zu winzig. So kommt es auch das meine Kappsäge im Vorraum der Dusche steht.

So stand aber einem neuen Start meiner Firma nichts mehr im Wege.

Hatte ich ausgerechnet Anfragen zu Aufträgen bekommen, als wir den Bescheid hatten, dass wir aus der Hütte raus mussten. Und da ich nicht wusste, wo die Reise hinging und ob ich dort wieder eine Werkstatt zur Verfügung hatte, musste ich alles ablehnen.

Da nun im Oktober mit eineinhalb Jahren die Kitaeingewöhnung bevorstand, wollte ich somit auch wieder anfangen zu werkeln. Auch wenn mein Kind erstmal nur 4 Stunden jeden Tag zur Kita sollte. Somit war die Zeit begrenzt, aber ein Anfang.

So starteten wir Anfang Oktober auf den langen Weg der Eingewöhnung in die Kita. Dazu muss ich erstmal ausholen. In dem Kindergarten vor Ort gab es drei Gruppen, wobei es eine strenge Teilung nicht gab, alle konnten jeweils in die anderen Abteilungen und es gab einen großen Gesellschaftsraum in der Mitte. Pro Gruppe gab es zwischen 7-8 Kindern, mit je drei Erziehern. Hinzu kamen immer mal wieder Studenten. Ein Erzieherschlüssel der natürlich ein Traum war. Somit sind hier die Gegebenheiten und Möglichkeiten ganz andere als in Deutschland. So sollten wir zuerst drei Tage die Woche für zweieihalb Stunden kommen. Sønnei tat sich unendlich schwer. Hatte sie Angst vor den Kindern und den Erwachsenen. Gerade Kinder hatte sie bis dato auch in ihrem Leben zugegebenerweise nie gesehen, geschweige denn kennengelernt. Ich hatte bis dahin nicht mal in Deutschland Freunde, die Kinder hatten. Sie klammerte sich an mich und fing nur sehr langsam an überhaupt dort mal Spielzeug anzufassen. Wenn immer nur mit mir. Sie ließ sich von niemanden anfassen, nicht mal in den Stuhl heben durften andere sie. Da konnten die noch so lustig sein, sie ließ nichts zu. So zog sich das Ganze in die Länge und ich konnte nur froh sein, dass alle die Gesamtsituation sahen und Sønnei die Zeit gaben, die sie brauchte. Irgendwann gehörte ich langsam zum Inventar und arbeitete schon halb mit. Es wurde gescherzt, dass sie bald einen Pappaufsteller von mir anfertigen lassen, da ich immer der unsichtbare Schatten in irgendeiner Ecke war. Denn selbst als Sønnei schon anfing dort selbstständig zu spielen und vertrauen gefasst hatte, durfte ich um keinen Schritt die Kita verlassen. Zwischendurch gab ich schon fast auf, da ich dachte es macht keinen Sinn und wir sollten es einfach nochmal in einem halben Jahr probieren. Dank Krankheit und allem zog es sich bis Weihnachten hin. Ab Januar ging sie dann allein hin. Die Abgabe gestaltete sich aber weiterhin schwierig. Dies im Grunde bis vor ein paar Monaten. Seitdem geht es mit einem Schlag. Seit September, also mit dreieinhalb Jahren geht sie nun sechs Stunden in den Kindergarten und schließt inzwischen Freundschaften.

Durch den großartigen Erzieherschlüssel und natürlich die allgemeine Lebenseinstellung der Norweger und erst recht der Bergziegen hier oben, sind die Kinder die meiste Zeit des Tages draußen. Sie gehen an wilden Flussläufen spazieren, pflücken Beeren und Pilze und bereiten diese am Lagerfeuer zu. Oft wird eine große Wok Pfanne übers Feuer gehängt und darin Essen zubereitet. Tierspuren werden ausgewertet und auch mal ein Fisch filetiert. Auch backen alle einmal die Woche zusammen Brötchen. Im Winter trifft man dann selbst die kleinsten Knirpse schon auf Ski. Da kann es noch so kalt sein. Dazu kommt das es in Skandinavien generell üblich ist seine Kinder im Kinderwagen draußen schlafen zu lassen. Dies wird auch im Kindergarten weitergeführt. So sieht man dann selbst bei 20 Grad minus im Kindergarten die Kinderwägen vor der Tür stehen. Ein für uns erst einmal komischer Anblick. Die Abhärtung eines richtigen Norwegers. Daher wohl die manchmal haarsträubenden Behandlungsmethoden von Ärzten, die kein Europäer überlebt...!?

Quatsch beiseite, geschadet hat es keinem Kind hier, hatte ich Sønnei zwar beim Mittagsschlaf oft bei mir im Bett liegen, so schlief sie gerade im Schlitten draußen auf Tour immer wie eine Tote.

Die Naturverbundenheit wird hier auch in der Schule weitergeführt. So ist jeder Mittwoch Outdoor Tag. Komme was da wolle. Da kann es regnen, schneien oder die Welt untergehen, sie sind draußen. Dort lernen sie dann direkt am echten Baum oder der Pflanze Wachstum und co. Es wird Geologie, Tiere und Natur zum Anfassen gelernt. Auch Gefahren vom Wetter und der Umgang mit Kompass wird erlernt. Geschichte wird spielerisch umgesetzt.

Nachmittags müssen alle darüber einen Bericht schreiben. Dieses natürliche Aufwachsen geht so weit, dass zur Einschulung eine Kanutour mit den Kindern unternommen wird. So ziehen mit sechs Jahren die Kinder das erste Mal allein von dannen. Nur von den Lehrern begleitet. So paddeln sie auf eine Insel und schlagen dort ihr Lager auf. Sie machen Feuer, nehmen Fische aus und schlafen im Zelt. Da hier aber die Kinder von Anfang an, an die Gefahren und das Leben draußen herangeführt werden ist es für sie vollkommen natürlich.

Ich erinnere mich noch, wie mir auf einer meiner damaligen Touren mitten im Gebirge eine Gruppe Kindergarten Kinder entgegenkamen. Ich war fassungslos. Hatte ich meine Mühe dort entlangzulaufen, kamen sie fröhlich schnatternd mir entgegen. Ich habe wohl geguckt wie ein Frosch.

Daher kommt es aber auch zu Situationen, wo sich Deutsche oder andere Urlauber auf den Schlips getreten fühlen, ohne, dass es böse gemeint ist. Jan und auch ich arbeiten immer wieder mal für die Tourist Information und übersetzen entweder Texte für sie oder arbeiten am Tresen. So kommen dann Urlauber und fragen nach Touren, die sie mit ihren Kindern gehen können. Der erste Blick von uns ist dann immer über den Tresen auf ihr Schuhwerk. Oft ist das nicht ansatzweise geeignet für hier oben. Ausgebaute Wege gibt es so gut wie gar nicht, so geht alles über Felsen, durch Moore und mitten durch Wildwasserbäche. Hinzu kommt, dass es ebenfalls so gut wie keine Markierungen gibt. Der Norweger vertritt die Auffassung, dass einer, der nicht mit Kompass und Karte umgehen kann, nichts im Hochgebirge zu suchen hat. Denn gerade hier kann das Wetter schnell umschlagen und man sieht nicht eine Markierung mehr. So lockt man schnell Volk in die hohen Berge mit einer trügerischen Sicherheit. Was zumeist auf größtes Unverständnis trifft, ist auch das wir dann zumeist die Eltern darauf hinweisen, dass wir der Meinung sind, dass diese, oder diese Tour, noch nichts für ihr sechsjähriges Kind ist. Haben diese doch irgendwo gelesen das die Tour ab sechs Jahre machbar ist. Das ist nicht böse gemeint, ja, ein sechsjähriges norwegisches Kind! Nicht umsonst nennen sich die, die hier oben in den Bergen wohnen liebevoll „Fjellgeit", Bergziege. Wenn man hier laufen lernt, hat man von Anfang an die Herausforderung das nichts gerade ist, bei jedem Schritt die Füße in unterschiedlichen Ebenen stehen. Sie durch Wasser, Moore und co müssen. Im Winter sacken ihnen bei jedem Schritt die Füße unterschiedlich tief weg. So entwickeln die Kinder hier von Anfang an eine andere Trittsicherheit. Können Höhen ganz anders einschätzen. Sie laufen ohne Probleme einen Grad entlang, dass so manch einem Erwachsenen schlecht wird.

Pause.

Somit vertraut uns, wir sind wirklich um eure Sicherheit besorgt.

Jedoch bei all der Schönheit und der grenzenlosen Freiheit, gerade in Hinsicht der Förderung der Kinder, hat alles auch seine Schattenseiten. Und dies heißt absolute Kontrolle der Eltern in ihrem Sein und Schaffen. Hier gibt es das sogenannte „Barnevernet". Vergleichbar in gewisser Weise mit dem Jugendamt und andererseits nicht im Geringsten. Das Barnevernet steht über allem, selbst der Staat mängelt dies inzwischen an.

So hängt einem hier immer ein Damoklesschwert im Nacken. In Norwegen gilt die antiautoritäre Erziehung und diese ist in jedem Fall umzusetzen. Der Ansatz ist nicht grundsätzlich schlecht, jedoch finde ich, dass ein Kind ebenfalls einen Rahmen braucht, der ihm Sicherheit gibt und das gerade in Gefahrensituationen Dinge nicht immer ausdiskutiert werden können. Gerade Ausländerfamilien stehen daher gerne zusätzlich unter Beobachtung, da ihnen bewusst ist, dass in anderen Ländern andere Erziehungsstile herrschen. Leider gibt es daher hier Situationen, in denen eine Anzeige des Nachbarn, der dich nicht leiden kann, zur Wegnahme des Kindes führt. Auch wenn das Kind selbst, was aus seiner Fantasie erzählt. Nachgeprüft wird hier nie, das Kind wird aus der Familie geholt. Leider stehen die Chancen sein Kind je wiederzusehen sehr schlecht. Da kann man vor sämtlichen Gerichten recht bekommen.

Ich möchte hier auch gar nicht weiter dieses Thema auswerten, da ich selbst zu große Angst habe. Somit bitte ich euch bei weiterem Interesse Informationen übers Internet zu beziehen. Es ist halt nur ein Punkt, den man mit bedenken sollte, wenn man hier leben möchte.

Da hat es sie umgehauen.

Es gibt immer so viel zu entdecken.

Allgemeine Herausforderungen, Alltag Norge

Norge, ja Norwegen, wo fangen wir an. Sicherlich denkt man zuallererst an all die rechtlichen Fragen zu einer Auswanderung. Grundsätzlich absolut richtig. Auch wo soll es hingehen? Weit oben in den Norden, mehr im Landesinneren, Küste, oder doch mehr im Süden. Zuallererst stolpern die meisten doch bei der Einfuhr des Autos. Ist das den meisten unverständlich. So muss man sein jeweiliges Auto nochmals bei der Einfuhr verzollen. Und das ist nicht ganz unerheblich. Es richtet sich nach mehreren Werten, der Größe des Autos und Kraft um zwei Punkte zu nennen. Die Höhe der Verzollung liegt oft nochmal glatt in der Nähe des Einkaufspreises in Deutschland. Das ist wirklich bitter. Jedoch gibt es hier in Norwegen keine Autoindustrie. So wird jedes Auto eingeführt und somit liegt auf jedem Auto diese Zollgebühr. Somit sind Autos hier allgemein ein teurer Spaß. Oft ist das für viele das erste KO, was zur Streichung der Auswanderungspläne führt.

Kommen wir zu der Gegend, in die es gehen soll. Natürlich sind auch hier von Region zu Region die Menschen von einem anderen Schlag, wie wohl in allen Ländern. Jedoch sollte man sich selbst reflektieren und schauen wo man am besten hinpasst und sich nicht nur von der Natur leiten lassen. Hinzu kommt auch noch der Faktor Arbeit. Gibt es dort Arbeit für einen, auch die Möglichkeit in der eigenen Sparte, wird meine Ausbildung überhaupt anerkannt?

Für viele stellt sich sicherlich auch die Frage mit der Dunkelheit. Aber nicht nur diese zählt. Auch wo steht das Haus. In unserem Fall hätten wir im Grunde noch 5 Stunden Tageslicht, jedoch haben wir ein Bergmassiv gegenüber vom Haus, so dass von Mitte November, bis Mitte Februar nicht ein einziger Sonnenstrahl unser Haus erreicht.

Danach werden es täglich zwei Minuten mehr. Das ist nicht nur durchaus zäh, sondern kostet einfach noch höhere Heizkosten, da das Haus mehr oder minder zu einem Eispalast in der Zeit wird. Auch sollte man die Mengen des Schnees der Region mit beachten. Denn so wunderschön die sonnenbestrahlten Berge im Schnee sind. So wunderschön alles unter einer tiefen Schneedecke verborgen liegt…Irgendwann kommt der ganze Mist auch mal runter geschneit. So schaufelt man sich Wochenlang durch Schneemassen und steht auf Dächern und co. Immerhin die Fitness ist top! Sieht nur keiner unter den tausenden Schichten Kleidung. Auch muss man in der Hinsicht beachten, wie der Weg zur Arbeit aussieht. Wir hier in Breive sind häufiger mal isoliert, dass gehört dann einfach dazu! Wohnt man hingegen in Küstenregionen, wie zum Beispiel Bergen, sollte man Regen in all seinen Formen lieben, ja eher vergöttern. Denn den hat man dort das ganze Jahr hindurch. Bei uns hingegen sieht der Sommer meist aus wie der Winter in Deutschland. Ja, es gibt mal einzelne warme Tage, aber die meiste Zeit herrscht Dauerregen und die Temperaturen liegen zwischen 8-12 Grad. Aber hey, immerhin im Plusbereich!

Ich will es hier um Gottes Willen nicht schlecht reden, man sollte die Sachen nur halt auch mal ungeschminkt betrachten. Eine liebe, feste Freundin hat dazu immer einen fantastischen Spruch. Auch sie war immer schwer begeistert von all der Natur und dem Leben hier, jedoch verfolgt sie nun seit mehreren Jahren mein Leben hier oben. So kommt zuweilen der Spruch: „Das Paradies bekommt Risse." So ist es halt nicht immer schön.

Umso abgeschiedener man lebt, umso weitere Wege ergeben sich natürlich auch. So sind Einkaufsmöglichkeiten begrenzt und Ärzte oft Stunden entfernt. Da ich über die Odyssee Geburt schon ausführlich geschrieben hatte, muss ich dazu gar nicht mehr viel sagen. Es gilt halt für alle weiterführenden Untersuchungen und

Behandlungen. Zudem müssen jegliche Zahnarztbehandlungen zu hundert Prozent selbst bezahlt werden, denn diese sind nicht in der staatlichen Krankenkasse enthalten. Nur Kinder bis 18 Jahre sind freigestellt. Auch gibt es unsere so gewohnten Vorsorgeuntersuchungen nicht. Hier bekommt man vom Hausarzt eine Überweisung, zum Beispiel Frauenarzt, erst wenn Schmerzen vorhanden sind. Und selbst dann nicht immer. Im Falle von Jan zum Beispiel brauchten wir 8 Jahre für eine Überweisung zum Urologen und auch nachdem bei ihm Hautkrebs im Anfangsstadium entfernt wurde, natürlich vom Hausarzt hier vor Ort, sollte man nicht den Irrglauben haben, dass dies nun dafür sorgen sollte, dass er nun jedes Jahr einen Termin beim Hautarzt hätte. Es sind nur Beispiele und sicherlich auch nochmal von Region zu Region unterschiedlich stark ausgeprägt. Dies hier soll nur meine Meinung der Gegebenheiten hier bei uns vor Ort widergeben und nur Anstoß zu vielleicht noch ein paar weiteren Gedanken geben.

Ebenfalls regional abhängig ist der Preis des Stromes. Vor zwei Jahren hätte ich dazu noch nichts schreiben müssen, aber inzwischen ist in der Hinsicht die Hölle ausgebrochen. Dies gilt aber im Großen und Ganzen nur für Südnorwegen.
Der Norweger hat durch die Gewinnung von Wasserenergie sich bis vor zwei Jahren kaum Gedanken um den Preis von Energie machen müssen. Alles im Haushalt war ausgerichtet auf Strom, Heizung, kochen, einfach alles. Jedoch fingen vor zwei Jahren die Stromgesellschaften an den Strom nach Deutschland zu verkaufen. Im Gegenzug wurde aber der Norweger ausgeblutet. Es führte zu vielen Firmenschließungen. Hatten manche die Coronazeit mit ach und krach überstanden, brach ihnen nun der Strompreis das Genick. Als Vorstellung, hier bezahlt der Kunde immer den Marktpreis, das heißt, dass der Strompreis jede Stunde berechnet wird, aber auch Tiefen im Markt bezahlt der Kunde eins zu eins direkt mit. Waren

die Preise früher bei 8 Cent die Kilowatt Stunde, schossen sie nun rauf auf knapp über 1 Euro die Kilowatt Stunde. Preise die nicht mehr zu bezahlen waren. Nach drei Monaten sprang der Staat mit ein und zahlt nun jedem Bürger einen Zuschuss. Er greift also ab einem bestimmten Wert ein. So liegt die Kilowatt Stunde nun bei circa 20 Cent. Natürlich schwankend jede Stunde über den Tag hinweg. Dies ist zwar immer noch deutlich teurer als zuvor, aber immerhin wieder händelbar.

Das Internet hingegen ist hier mit Glasfaser zugänglich, wobei nicht unbedingt alle Häuser angeschlossen sind. Jedoch gibt es hier Handyverträge mit denen man alles Kostengünstig abgedeckt bekommt. Immer in der Möglichkeit einer Funkdeckung. Hat man in jedem Dorf hier gute Deckung muss man sich bewusst sein, dass man gerade im Hochgebirge schnell mal außerhalb jeglicher Funkdeckung steht.

Angerissen werden sollte auch das der Norweger ein gläserner Bürger ist. Gerade viele Deutsche haben damit große Probleme. Sagen wir mal so, es hat Vorteile und natürlich auch Nachteile. Hier weiß jeder von jedem, was er verdient und die Gehälter sind gerechter verteilt. Neid ist dem Norweger fremd. Das gehört nicht in seine Natur. Steuererklärungen kann hier selbst ein 10-jähriges Kind in 10 Minuten erledigen, da alles schon fertig ausgefüllt ist. So muss man nur noch seine Unterschrift daruntersetzen, fertig. Bei Selbstständigkeit, deine Einkünfte und Ausgaben, zack fertig. Jedoch hat so der Staat die volle Kontrolle über seine Bürger. Alles steht offen.

Falls jemand an die doppelte Staatsbürgerschaft denkt, dies ist hier ebenfalls nicht möglich. Nachdem man hier alle seine Anmeldungen und Papiere erledigt hat und nach Vorweisen eines Jobs, erhält man seine sogenannte „Personennummer". Erhält man den Status

„permanent", bedeutet dies dass man mit allen Rechten und Pflichten als Norweger gilt. Nur bei Wahlen, kann man nur mitmachen, bei Gemeindeinternen Parteien und nicht die Regierung wählen. Nach sieben Jahren kann man sich dazu entschließen die norwegische Staatsbürgerschaft anzunehmen. Im Fall von Sønnei ist es so, da wir nach wie vor als deutsche Staatsbürger mit „permanent Status" zählen, hat sie vorläufig die deutsche Staatsbürgerschaft. Jedoch kann sie sich mit ihrem 18ten Geburtstag frei entscheiden, welche Staatsbürgerschaft sie annehmen möchte.

Da ich nun genug über die kleinen Fallen der Einwanderung geschrieben habe, möchte ich noch ein paar Dinge ansprechen, die jeder ganz individuell empfinden wird. Somit sollte jeder sich also dazu seine eigenen Gedanken machen. Der größte Punkt davon ist die Sprache. An der hängt nun mal alles. Konnte man früher hier noch gut und gerne mit Englisch einreisen, ist inzwischen ein halbwegs fließendes Norwegisch ein muss. Ich denke, das versteht sich von selbst. Jedoch sollte man nicht unterschätzen, wie es ist 24 Stunden immer in einer anderen Sprache auf Dauer zu leben. Ist eine andere Sprache im Urlaub für 14 Tage immer exotisch, spannend und aufregend, wird es zu etwas ganz anderem sie immer, um sich zu haben. So wird man sich nie, egal wie gut man irgendwann die Sprache spricht, so ausdrücken können, wie in der eigenen Muttersprache. Gerade in Hinsicht auf Gefühle wird es da schwierig. Auch hat jeder von uns einen gewissen Sprachgebrauch, eine eigene Art Dinge zu beschreiben, zu erzählen, dass macht unsere Persönlichkeit aus. Jedoch ist selten dies einfach übersetzbar. Gibt es hier andere Redensarten und Sprüche. Mal ein lustiger Spruch von uns, kann hier vollkommen falsch verstanden werden. Im besten Fall, wenigstens gar nicht. Gibt es doch in jeder Sprache Sprüche, die im Grunde keinen Sinn ergeben, jedoch weiß jeder was gemeint ist. Bei Sarkasmus und Humor steht man da ganz schnell an der Wand. Ich kann bis heute nur mit wenigen so reden, wie ich es in der eigenen Muttersprache machen würde. Es ist halt eine Herausforderung. Wobei da, zumindest in meinem Fall, es extrem vom gegenüber abhängt. Zum einen natürlich, wie gut ich ihn vom Dialekt verstehe und zum anderen wie derjenige selbst redet. Umso mehr der redet, wie ihm der Mund steht und meiner Art näher ist, umso mehr kann ich reden, wie mir der Mund nachsteht und sei es noch so schräg oder falsch ausgedrückt. Ich bin dann entspannt und „give a shit", also Scheiß drauf, solange der andere mich versteht und lacht. Aber wie gesagt das kann ich nur bei zwei bis drei Personen im Moment.

Hinzu kommt allerdings auch, dass die Norweger selbst sehr zurück gezogen leben. Sie sind freundlich und grüßen, wohnt man jedoch hier, kommt man nur schwer in Kontakt mit ihnen. Jeder sitzt im Grunde zurück gezogen hinter seinen vier Wänden. Dadurch werden zwar auch die Eigenheiten des Nachbars toleriert, aber man vereinsamt schnell. Freundschaften zu schließen, gestaltet sich als unglaublich schwierig. Dies ist noch nicht mal nur meine Perspektive der Sache, sondern von wohl den meisten. Auch den Norwegern selbst. So war ich vor gar nicht so langer Zeit mal mit einer Gruppe Mädels abends auf Wanderung den Berg hinauf. Jeder hatte Feuerholz bei, damit wir oben ein schönes Feuer machen konnten. Alle erzählten aus ihrem Leben. Bis auf eine andere, waren es alle Norweger. Schlussendlich erzählten alle dasselbe. Alle fühlten sich einsam, erzählten von denselben Schwierigkeiten. Dies erstaunte mich schon, da es doch wohl alle betraf.

Die Definition eines Norwegers beschreibt wohl das Leben draußen, ihre Traditionen in der Handwerkskunst und Handarbeit, in der Leidenschaft des Skilaufens und der Jagd im Herbst. Zu dieser ist zuweilen schon das kleinste Baby mit bei. Auch ist es hier in keiner Weise eine Sache des Mannes. Jede Frau hier macht schon in

Jugendzeiten den Jagdschein. Auch hierzu muss ich mal wieder etwas ausholen.

Der Norweger sieht die Waffe nicht im direkten Kontext zum Krieg, was durchaus zu leichten Zuckungen beim Deutschen führen kann. So lautet dann halt auch der Spruch beim Schießcenter, Spaß für die ganze Familie. Denn selbst die Kleinsten erlernen hier schon den Umgang mit der Waffe. So kam es auch dazu, dass ich den Jagdschein machen wollte, um einen Teil der Seele des Norwegers besser verstehen zu können. So fand ich mich in einer Gruppe von 16-jährigen wieder, die alle schon längst im Umgang mit der Waffe geschult waren, nur ich als alter Dinosaurier der Gruppe, hatte noch nie zuvor eine Waffe in der Hand gehalten.

Der Theorieteil war auch nicht gerade zu unterschätzen. So musste ich nicht nur all die Tiere, all die Vogelarten, Brutzeiten und co lernen, nein, bei mir kam ja auch noch das ganze in Norwegisch. Ich erinnere mich noch, wie meine Freundin Claudia zu Besuch war und sie mit Jan am Esstisch saß, ich hingegen stand in der offenen Küche und backte Flatbrød, (rundes hauchdünnes Brot). Sie stellte mir Fragen aus dem Buch und ich musste sie beantworten. Was haben wir gelernt und gelacht. Als ich dann im Rathaus schlussendlich meine Prüfung schreiben musste, war mir Speiübel. Prüfungen sind echt nichts für mich. So setzte mich der Prüfer an den Computer und verließ den Raum. Als ich alle Fragen beantwortet hatte und groß auf dem Computer *Bestanden* stand, ließ ich das mit einem Jubelschrei das gesamte Rathaus wissen. Es musste einfach raus. Mein Prüfer kam grinsend um die Ecke und meinte, na da haben wir wohl bestanden. Schlaues Kerlchen!

Die Jagd hier ist jedoch nur unter sehr reglementierten Bestimmungen möglich. Zum einen schon mal nur auf eigenem Grund und Boden. Wobei oft die Gemeinden ebenfalls noch Grund und Boden besitzen und man somit auf dieser zur Jagd gehen darf. Jagdsaison auf Rentier ist einen Monat und auf Elch drei Monate.

Dazu kommt, dass man schon im Sommer bei der Gemeinde um ein jeweiliges Tier ersuchen muss. So bekommt man dann entsprechend ein weibliches oder männliches Tier zugeteilt. Dazu muss man eine nicht unerhebliche Summe für das Tier bezahlen. So kann es einem also auch passieren, dass man ein männliches Tier zugeteilt bekommt, bezahlt und einem bei der Jagd nur weibliche Tiere unterkommen. Dann hat man einfach Pech gehabt! Somit ist der Bestand aber durch die reglementierte Jagd immer gut im Auge und es beschränkt sich auf eine gewisse Zeit im Jahr. Hinzu kommt ebenfalls, dass der Norweger so ziemlich komplett alles am Tier verwertet. So werden auch die Innereien und die Augen gegessen. Mein Magen dreht sich um! Die Weihnachtsspeise hier ist zum Beispiel, entweder Pinnekjøtt (die Rippen und Beine vom Schaf), diese werden über mehrere Wochen gesalzen und getrocknet, oder halt ein längs aufgeschnittenen Schafskopf. Ebenfalls gesalzen und getrocknet. Und ja, das Auge ist die Spezialität. Ich eigne mir gerne Traditionen von den Norwegern an, aber da hört bei mir die Liebe auf!

Nur der karamellisierte Ziegenkäse, der ist geil. Zugegeben habe ich dafür zwar auch ein wenig gebraucht, aber man ist kein echter Norweger, wenn man diesen Fensterkitt ähnelndem Käse nicht liebt!

Inzwischen wandelt sich aber selbst hier hinter den sieben Bergen das Leben. Waren die Einheimischen früher hier oben noch sehr isoliert und traditionell, werden sie so langsam aber sicher von den Hüttenbesitzern überrollt. Traditionell hat hier so gut wie jeder Norweger noch irgendwo in den Bergen eine Hütte. Selbst wenn er in der Stadt wohnt. So fährt er am Wochenende raus auf Hütte, allein oder mit der ganzen Familie. Ostern ist Pflicht auf Hütte zu verbringen. Alle machen eine Skitour, sitzen am Lagerfeuer und es wird Kvikklunsh (ein Keks) und Mandarinen gegessen. Inzwischen sind nur die kleinen versteckten Hütten zu riesigen Häusern mutiert. Sie ähneln in keiner Weise mehr dem, was sie einstmals waren.

So werden kleine Dörfer überrollt mit dem Bau von tausenden sogenannten Hütten, die größer sind als die Wohnhäuser der Einheimischen. So ergibt es sich mit einem Male, dass Hovden mit seinen gerade mal 400 Einwohnern, noch viele tausend Hütten hat. Alle im Privatbesitz. Unter Woche und im Sommer stehen sie Geisterhaft leer. Nur in den Winterferien, Osterferien und manchen Winterwochenenden sind sie voll. So sind dann Ostern mal schnell 25000 Menschen mehr im Ort und die Einwohner wünschen sich auf einen anderen Planeten! Hovden und das Zentrum mit seinen kleinen Läden sind dafür einfach nicht ausgelegt. Zudem geht der Charme, den Hovden mal ausgemacht hat, langsam aber sicher zugrunde. Der alte Einheimische schaut traurig zu. Nach der Osterwoche hört man dann das kollektive Aufatmen der Einwohner, der Winter ist überstanden und das Fjell (Gebirge) gehört wieder ihnen. Zeitgleich leben auch viele Firmen von den Wintereinnahmen und natürlich auch dem Bau der Hütten. Jedoch ist das sehr kurzfristig gedacht. Gerade hier in Hovden haben sie kein weiteres Standbein. Normalen Tourismus gibt es so gut wie gar nicht. Somit stellt sich die Frage, was ist danach. Was ist, wenn der letzte Platz mit einer Hütte zugenagelt wurde, es keinen mehr gibt, der noch eine Hütte kauft. Die Natur mehr und mehr verbraucht wurde... Im Moment leben sie alle in einer Blase, die im Moment noch hält. Aber irgendwann platzt diese. Was dann ist, daran wird nicht gedacht. Ich hatte darüber mal ein Gespräch mit einer Einheimischen hier vor Ort. Sie brachte den wohl passendsten Spruch:

„Det er å pisse seg i buksa for holde seg varmt."

Das ist wie sich in die Hose zu pullern, um sich warm zu halten.

Es hält nur sehr kurz an, dass warme Gefühl.

Was dann kommt wird man in nicht allzu langer Zukunft sehen.

Trotz allem ist Hovden magisch.

Als Besonderheit hier zu leben ist sicherlich zu erwähnen, dass die meisten festen Einwohner hier geboren sind, hier zum Kindergarten und später zur Schule gegangen sind. Auch wird alles hier intern von ihnen gehalten. Arbeiten hier alle vor Ort und tragen dies. So ist dann dein Arbeitgeber auch der, den du als Parteiführer wählst, oder auch eben nicht und trinkst dich wahlweise genau mit dem am Wochenende unter den Tisch. So sitzt du dann am Wochenende mit deiner Hausärztin oder gar deinem Psychologen bei der Party und tanzt nackt auf dem Tisch. Trotzdem schalten alle sofort um, wenn man dann beruflicherweise hier miteinander zu tun hat. Aber es hat schon oft eine gewisse Situationskomik. Da man oft ungewollt vielleicht auch mal zu viel von dem einen oder anderen weiß. Und ja, ich kann euch sagen, der ach so streng gläubige Norweger, kann aber auf Party mal so dermaßen die Sau rauslassen, da schlackern einem die Ohren. Man kann aber als Außenstehender auch mal hervorragend mit Anlauf in ein Fettnäpfchen springen.

So hat der eine hier mal mit dem anderen ein Techtelmechtel, oder die Familie kann mit der einen nicht und dann kommt man um die Ecke und stellt in ihren Augen die wohl dümmste Frage der Welt. Das geht aber immerhin allen zugezogenen so, also auch den Norwegern. Aber Hovden lässt sich nicht lumpen. Im Sommer haben wir sogar ein kleines Festival über zwei Tage. Organisiert und durchgeführt wieder von internen aus Hovden. Und heilige Scheiße geht da die Lucifer ab. Alle feiern, tanzen und umarmen sich. Das ist hier zuweilen recht amüsant. So singt man mit seinem Chef, oder dem Kindergarten Erzieher seines Kindes und knuddelt sich so einmal durch den Abend. Das macht es so ungewöhnlich wiederum hier zu leben. Ich scherzte mit dem Gemeinde Psychologen und meinte zu ihm: „Na Milieu-Studie! Er verneinte, um kurz danach grinsend zu sagen, naja es ist interessant!" Zu einer anderen Feierlichkeit, schlugen ich und zwei weitere Freundinnen ihm neue Möglichkeiten zur Therapie vor. So meinten wir, dass die Distanz zwischen Therapeuten und Patienten doch geöffnet werden könnte, indem man Nackt-Therapie anböte. Ja, ja, wir waren vielleicht alle etwas angedüselt.

Record Festivalen in Hovden.

Die neue Wintersaison

Vorneweg hatte ich mich bei Jack nach der letzten Saison schon bedankt für die letzte gemeinsame Saison, sollte er auch diese Saison nochmal bis zum Schluss gehen. Trotz das sogar meine Tierärztin und ich uns im Herbst nochmal tief in die Augen geschaut hatten und ihm eigentlich auch so nicht mehr zu viel Zeit gegeben haben. Aber was soll man sagen, Huskies sind einfach etwas Besonderes, sie können schon dreimal totgesagt sein, da laufen sie noch eine Runde.

Von vorne: Vinga, Mona, Jack, Freya und hinten Ylva, Fenja.

Mein stolzer Rüde, mein Chaot. So waren wir in unserem gewohnten Rhythmus und genossen die Zeit draußen.

Da ergab sich der Kontakt zu Sigrid. Sie war zu der Zeit die Erzieherin von Sønnei und sie besaß zwei große knuddelige Malamuten. Also

Siberian Huskies in XXL-Größe. Sie trainierte sie bis dato immer per Ski, so wollten wir jedoch nun auch mal versuchen zusammen zu fahren. Da ich zur Geburt von Sønnei mir einen neuen, größeren Schlitten gekauft hatte, hatte ich meinen kleineren alten frei.

Manche kaufen sich halt einen neuen Familienwagen, ich halt einen Familienschlitten.

So sollte es zu unserer ersten gemeinsamen Runde hier vom Haus aus gehen. Meine Güte war ich aufgeregt. Ich ging Kreise in der Zeit, wo ich auf sie wartete. Sollte alles gut gehen? Ich freute mich wie Bolle wiederum endlich mal Kontakt zu jemanden zu haben. War das für mich endlich die Möglichkeit für eine Freundschaft? Schlussendlich ging es ganz hervorragend und zwei glückliche Mädels spasteten unten auf der Straße vor der Haustür ab, als wir zurück waren. Freute ich mich schon wie irre und konnte in keiner Weise mehr glücklich sein, toppte Sigrid dies. Sie hat solch eine lebendige Art und Weise, die einen mitnimmt. Sie ist einfach ein wunderbarer Mensch!

So sollte also einem gemeinsamen Training nichts im Wege stehen. Die nächste Runde sollte gleich bis ganz zum Væringsvatn hinaufgehen. Während hinauf wahnsinnig anstrengend ist, ist die Abfahrt schon eine Hausnummer. Das war ein wenig die harte Variante das Mushen (Hundeschlittenfahren) zu erlernen. Sie meisterten jedenfalls jede Runde und so konnten wir zum Schluss der Saison auch schon lange Touren fahren. Da entführte ich sie in Ecken, in denen sie zuvor noch nie war und wir ließen es uns gut gehen. Ihr Freund ist sicherlich so manch einmal ein wenig neidisch gewesen. Sigrid ist in jedem Fall für mich hier oben ein unglaublich wichtiger Mensch geworden und inzwischen, seit der zweiten Saison, läuft das Gespann auch gemeinsam vorm Quad und dem Schlitten. Es ist zusammengewachsen.

Sigrid mit Alma und Dawson.

In dieser Saison sollte ich auch nach vielen Jahren endlich mal wieder über Nacht draußen mit dem Schlitten sein. Hatte ich nun endlich auch einen vernünftigen Schlitten dazu. Himmel, die erste Nacht ohne mein Baby nach anderthalb Jahren. Zum einen freute ich mich wie Bolle, zum anderen bedeutet das wohl für jede Mutter einen großen Schritt.

So packte ich Zelt, Schlafsack, Feuerholz und die restliche Ausrüstung in den Schlitten und es sollte los gehen. Hinauf ins øvre Væringsdalen. Dies ist das Gebirge / Tal was genau hinter unserem Haus beginnt. Meine absolut heißgeliebte Strecke. Sie fahre ich über die Hälfte der Saison. Allerdings nur zwei- bis dreimal in der Saison bis ganz hinauf. So wollte ich hinauf über den øvre Væringsvatn weiter, um am Skyvassnuten vorbeizufahren. Dort wollte ich rüber ins andere Tal wechseln, um nach Sloaros zu gelangen. Dort dann irgendwo schlafen und am nächsten Tag in diesem Tal wieder hinunterfahren.

Øvre Væringsvatn, der obere Væringssee.

Bis zum Skyvassnuten kamen wir an dem Tage auch und von dort war es nur noch ein Katzensprung rüber nach Sloaros, jedoch war der Schnee so tief und schwer das ich das meinen Hunden und mir auch nicht unbedingt mehr antun wollte. Erst recht nicht mit dem schweren Schlitten. So drehten wir um und suchten uns ein schönes Plätzchen am øvre Væringsvatn. An dem Tage hatten wir Wettertechnisch alles, von Sturm, null Sicht, bis hin zu Sonne. Macht dies die Nummer zum einen zwar lausig kalt, sieht die Welt um einen herum allerdings wunderschön aus.

So errichtete ich mein Zelt und wir genossen die Stille und das Knistern des Feuers. In dem Fall die Schönheit des Alleinseins. Denn allein sein, oder einsam sein, sind zwei ganz verschiedene paar Schuhe!

Von Gegend haben wir hier genügend.

Die Leichtigkeit des Nichts.

Ok, ok, strahlend wie ein Honigkuchenpferd.

Die Nacht hatten wir minus 20 Grad, was an sich noch in Ordnung gewesen wäre, nur kam dazu ein lausiger Wind. Jedoch kamen wir gut über die Nacht und nächsten Tag führte die Strecke zumeist nur noch hinunter, so dass wir das locker nahmen.

Kurz nach meiner Zelt Tour folgte Ostern und wie schon der Norweger traditionell auf Hütte und Ski verbrachte, hieß dies für mich und Sønnei Touren mit dem Schlitten. So führte uns eine davon ebenfalls ein Stück hinauf ins Væringsdalen. Wo wir uns bei schönstem Sonnenschein vergnügten und es uns gut gehen ließen. Sie rannte rechts und links die Hänge hoch und „fütterte" die Hunde mit Stöckchen. Natürlich alles immer mit reichlich Essen im Gepäck. Was für eine riesige Welt für ein Kind.

Wir sind die coolsten!

Energiezufuhr für neuen Blödsinn.

Ej, mein Schlitten! Nachwuchs-Musher…

Eine, der wohl aufregendste Tour in diesem Winter war dann eine Zelt Tour mit Sønnei zusammen. Vielen stellt sich da die Frage, kann man bei höheren Minusgraden eine solche Tour mit einem gerade mal anderthalbjährigen Kind machen? Ja, es geht, zu empfehlen ist nur wirklich ordentliche Kleidung, viel Essen, wirklich viel Essen!!!! und, dass man Windeln in Hochgeschwindigkeit wechseln kann.

So packte ich ein weiteres Mal den Schlitten und wir zogen von dannen. Ich muss zugeben, Jan hat es mit einer Frau wie mir auch nicht leicht. Aber in dem Fall vertraut er mir Grenzenlos, weiß er das ich im Leben draußen wohl sicherer unterwegs bin, als wenn man mich in der Stadt aussetzen würde.

So ging unsere Tour zum store Førsvatn, (großer Førssee). Dies ist keine allzu lange Strecke von uns ausgesehen, aber darum ging es ja auch gar nicht. Es ging um das Draußensein und zudem ist das eine Ecke, wo ich noch Funkdeckung hatte. Denn, das wollte ich bei der ersten Zelt-Tour mit Sønnei gerne haben. Wir waren erst nachmittags gestartet und so sollte es recht schnell dunkel werden als wir angekommen waren. Zum Glück hatte meine Kleine damit aber keinerlei Probleme. So saßen wir vorm Zelt auf einem Schaffell und mampften alles in uns rein, worauf wir Lust hatten. So kann man das Leben doch mal genießen.

In der Nacht hatten wir minus 10 Grad, aber völlige Windstille. So wurde uns beiden nicht kalt. Und am Morgen genossen wir die ersten Sonnenstrahlen, die über den Bergkamm kamen. Sie fütterte die Hunde und ich musste aufpassen, dass sie auf ihren Enddeckungsrunden nicht völlig verschwand. War für sie das Ganze die norwegische Outdoorvariante von Disney Land. Mein kleiner Wildfang. Sie war nicht zu stoppen.

Der frühe Morgen.

Outdoor-Frühstück schmeckt immer noch am besten!

Die ganze Welt gehört mir.

Geheime Absprachen!?

Firmenaufbau

So verrannte wie immer die Saison und ganz plötzlich war wieder Sommer. Oder das, was man hier halt so als Sommer bezeichnet. Also grob die Zeit, wo kein Schnee liegt, egal was das Thermometer sagt. So besuchten wir nun wieder in unserem altbekannten Rhythmus einmal im Frühjahr und einmal im Herbst meine Eltern und Freunde in Berlin. Dort konnte ich auch zu einem Konzert meiner Lieblingsband gehen. Megadeth im Doppelkonzert mit Five finger death Punch, eine Band, die ich inzwischen auch schätzen gelernt habe. War das aufregend, war ich seit Jugendzeiten nicht mehr auf einem Konzert gewesen! In dieser Zeit jedoch baute nun Jack rapide ab. Dazu später ein eigenes Kapitel. So nutzte ich die Zeit, um meine Werkstatt weiter voranzutreiben.

Meine Arbeiten sind leider schwer zu beschreiben. Zu sagen das ich Kunsthandwerk erschaffe umschreibt es in nur sehr geringem Maß. Jedoch fällt einem dazu nicht viel mehr ein. Im Groben verarbeite ich Holz aus der Umgebung, aber auch gekaufte Hölzer und verarbeite diese in Kombination mit Epoxid Harz. So entstehen von Frühstücksbrettern, zu Servierbrettern, Tischen und Schmuck alles Erdenkliche. Ich kann da kreativ dezent ausrasten und bin dann nicht zu stoppen. So sind viele immer schon gespannt, was wieder mal Neues aus meiner Werkstatt kommt. Natürlich nehme ich auch Aufträge zu eigenen Ideen an und repariere hier und da Dinge.

Auch entstehen hier und da mal Ölbilder, um den Wahnsinn komplett zu machen. Wenn jemand mehr Interesse an meinen Arbeiten hat, gerne mal auf meiner Website nachschauen. Hier Bilder reinzulegen, würde den Rahmen des Buches sprengen.

www.sabrinamielke.com

Jack, der schwere Weg

Über den Sommer hinweg konnte man nun zusehen wie mein großer stolzer Rüde immer weniger wurde und ich wusste, dass das Ende bevorstand. Wie viele Huskies, war er die Saison zu Ende gelaufen und nun ging ihm die Puste aus. Wie also bestimmt man, wann Schluss ist? Eine Gewissensfrage vor der wir Tierbesitzer immer wieder stehen. Ab wann halten nur noch wir an dem Tier aus unserer eigenen Trauer fest. Ab wann bricht man damit den Stolz des Tieres. Bevor es jedoch so weit war, zog erstmal wieder ein rotbraunes Bündel namens Baldur bei uns ein. So ergab es sich für einen kurzen Zeitraum das drei braune Schnuten bei uns wohnten.

Die Dreier Gang. Freya übernahm von der ersten Minute an die Mutterrolle.

Jedoch rang ich mit mir. Gerade Jack war immer das kleine dominante Arschloch gewesen und ich wollte auch seine Art des Lebens respektieren. Ihn bis zur letzten Minute auf dem Sofa hinsiechen zu lassen war nicht das, was er gewesen wäre. Schlussendlich zeigte er aber sehr genau an wann Schluss war. Den gesamten Sommer zog er sich schon ins Haus zurück, lag in einer dunklen Ecke und nahm sich komplett selbst aus dem Rudel zurück. Für einen Hund der sein Leben lang in einem Rudel gelebt hat, ein untrügerisches Zeichen. Die letzten Bilder von ihm mit Baldur zusammen draußen, sind einer der wenigen Momente, wo ich ihn mal aus dem Haus locken konnte.

Volle Terrasse.

Irgendwann kam es dann so weit das ihm die Hinterbeine nachgaben, beim Aufstehen, und ich wusste, jetzt ist Schluss. So war die Gefahr groß, dass er sich bei einem weiteren Versuch die Beine oder Hüfte brach. Ich wollte aber gerade bei diesem Rüden, der sein Leben so stolz war, versuchen ihm auch ein stolzes Ende zu geben. Mein Wunsch ist es, was natürlich nicht immer möglich sein wird, jedem Hund auf seine Weise, sein Ende zu geben. Das, was ihm entspricht.

So packte ich meinen alten großen blauen Rucksack mit dem ich mit ihm und meinen ersten beiden Hunden, Sharon und Flint so viele Touren gegangen waren. Seit dieser Zeit stand er immer in der Ecke, konnte ich selbst dies eigentlich durch meine Erkrankung nicht mehr. Aber jetzt zählte nur Jack, scheiß auf die Schmerzen und wenn sie mich halb umbrachten!

So sammelte ich alles ein, für eine letzte Tour, eine Tour mit Übernachtung draußen auf irgendeinem gottverdammten Berg, wo er noch ein letztes Mal hinunter ins Tal schauen konnte. Denn dies hat er in seinem Leben so sehr geliebt. Ebenfalls nahm ich die Medikamente mit, die ich für sein Ende brauchte.

Zur Erklärung, wir wohnen hier so abgeschieden, dass wir durchaus in Schneesturm und co für mehrere Tage isoliert sein können. Damit ist der Weg zum Tierarzt oft nicht möglich, zudem würde es eine sehr lange Fahrt bedeuten. Somit ist es üblich, beziehungsweise nötig, dass die Einwohner hier ihre Tiere durch einen Schuss erlösen können. Da ich es nicht übers Herz gebracht hätte meinen Hund zu erschießen, war ich froh die Medikamente hier beziehen zu können.

Und natürlich bekam er eine Runde Blümchen Tabletten, also Schmerztabletten, um im Rahmen seiner Möglichkeiten fit zu sein. So zogen wir los, allein, nur wir beide, den wohl schwersten Weg, den ich je gegangen bin und das lag nicht im Geringsten an dem Gewicht des Rucksackes. Ich versuchte nicht zu weinen, sollte es für Jack eine wunderbare Tour werden. Dies versuche ich bei all meinen Tieren, zusammenbrechen kann ich danach. Ich versuche aber vorher stark für meine Hunde zu sein. Aber natürlich gelang mir das nicht die ganze Strecke. So kullerten hier und da doch die Tränen. Mit vielen langen Pausen schafften wir es doch tatsächlich bis hoch zum øvre Væringsvatn. So musste ich ihn zwar immer mal über Steine heben, oder bei manchen Passagen stützen, aber wir schafften es den ganzen Weg und fanden einen perfekten Platz mit Aussicht.

Der letzte Abend mit Aussicht über das gesamte Væringsdalen.

Die ganze Nacht schaute er ins Tal und ich mit ihm. Es wurde lausig kalt, feucht bei minus 2 Grad. Am Morgen lag das Tal im Nebel und es hatte etwas Friedliches. So packte ich alle Sachen zusammen und setzte mich an seine Seite, als wäre nichts. Ich legte meinen Arm um seine Schulter und gab ihm dabei die Narkose in die Schulter. Er hatte nichts gemerkt. Wie ein Zeichen kam in genau dem Moment die Sonne über den gegenüber liegenden Bergkamm und fiel auf uns.

Jack streckte noch einmal die Nase nach oben und schnupperte nach der Sonne, dann legte er sich hin. Ich nahm das Stethoskop, um nach seinem Herz zu hören, musste ich ja noch mit der zweiten Spritze das Medikament direkt ins Herz spritzen. Jedoch war sein Herz schon nicht mehr zu finden. In gewisser Weise beruhigte mich das, da ich wusste, dass er damit schon im Sterben gelegen hatte. Das nur noch sein Willen am Leben gewesen war, der Körper hatte schon aufgegeben. So gab ich ihm die finale Spritze und brach dann in Tränen aus. Verdammte Scheiße! Trotz allem war es der richtige Weg gewesen. Er konnte im letzten Augenblick mit Würde gehen.

Ich sammelte danach die Flechten und Moose von den Steinen und deckte ihn damit zu. So verschwand und verfloss er in der Umgebung und schaut für immer in sein Tal, was er immer so gerne getan hat.

Ruhe in Frieden und lauf wild und frei im Himmel mit den anderen.

So ging ich danach den langen einsamen Weg nach Hause. Jedoch wurde ich auf halben Weg von Sigrid und ihrem Freund Mats, mit Alma und Dawson abgeholt. Sie begleiteten mich den restlichen Weg nach Hause. Ihr wart großartig. Ihr wart einfach da, Danke.

Dämonen und andere Freunde

Inzwischen ergeben sich immer mehr Freundschaften und so manche gehen einem durch Mark und Bein. Ich möchte hier in dem Fall keine Namen nennen, da es zu persönlich ist. Jedoch habe ich scheinbar einen eingebauten Magneten für besondere Menschen. Menschen, die gefallen sind, die im Tiefsten ihres Inneren schreien, jedoch in jeder Faser ihres Lebens wiederum für andere da sind. Ich denke jeder der weiß, wie dunkel man sich fühlen kann, möchte instinktiv anderen helfen, sich nicht so dunkel zu fühlen. Nicht so tief zu stürzen, wie man selbst gefallen ist. Menschen, die mit Dämonen leben und so wohl auch die Dämonen der anderen erkennen, spüren. Dämonen, wie ich sie nenne. Viele haben ihre Scheiße im Leben durch und straucheln zuweilen immer noch, und/ oder werden das auch für immer. Ich kann durch meine eigenen Dämonen nicht wegschauen und es braucht manchmal nur Minuten, die jemand braucht, um sich mir zu öffnen.

Dann erfahre ich ihr Tiefstes, ihre Ängste, ihre Abgründe. Sind also meine eigenen Dämonen schlecht?

Nein, ich liebe sie nicht unbedingt, aber ich habe Frieden mit ihnen geschlossen. Seitdem ich nicht mehr gegen sie kämpfe, sind sie zu Freunden geworden, zu Freunden die ich nutzen kann. Ich nutze sie als Kraft. Schon damals im Job mit den Suchtabhängigen. Ich konnte meine Arbeit nur aus diesem einen Grund so gut machen, wie ich ihn gemacht habe, weil sie an meiner Seite standen. Ich habe eine Empathie entwickelt, so dass ich mich in andere hineinfühlen kann. Ich spüre ihren Schmerz und kann so an ihrer Seite stehen. Dadurch brauchen die anderen oft nicht viele Worte. Fällt es einem viel leichter zu reden, wenn man nicht alles erklären muss. Die Dämonen schwächen mich nicht mehr, sie stärken mich, sie haben aus mir das gemacht, was ich jetzt bin!

Und ich möchte doch mal behaupten das kein schlechter Mensch aus mir geworden ist.

Sicher ist es nicht immer leicht, erst recht nicht die vielen Jahre zuvor, die ich gegen sie gekämpft habe. Selbstverständlich hätte ich auf all den Mist in meiner Vergangenheit gern verzichtet. Sie haben mir lange Zeit all meine Kraft gekostet. All meine Lebensenergie. Sie haben mich von so vielen Sachen abgehalten. Vielleicht hätte ich jedoch auch nicht so viel in meinem Leben später erlebt. Hätte nicht so viel gemacht. Auf so manch einer meiner Touren hätten sicher gerne meine Eltern verzichtet. Sagen wir es mal kurz, ich bin wohl der Alptraum jeder Eltern. Ein Kind und dann auch noch ein Mädchen, was beschließt allein mit Zelt und Rucksack durch die Welt zu reisen…Ja, ja, was soll ich sagen…

Hoffentlich wird meins nicht so!!!!! Ich erinnere mich noch gut, wie ich den einen Abend hier mit einem guten Freund zusammensaß, Musik hörte und wir über das Leben philosophierten. Auch er hat eine Tochter, die jedoch schon älter als meine ist. Wir beide sind uns sehr ähnlich, leben mit denselben Dämonen und haben genauso viel Blödsinn angestellt in unserem Leben. Wir waren uns beide sehr einig, dass wir hoffen, dass unsere Töchter niemals so werden wie wir. Das wir beide wohl der Alptraum unserer Eltern waren. Die wohl so manch eine schlaflose Nacht wegen uns hatten. Wir wünschten uns das unsere Kinder ganz „langweilige" Angestellte in irgendeinem ganz harmlosen Job werden. Wir bemerkten allerdings auch, dass wir permanent sehen, wie unsere Töchter ganz zu unserem Ebenbild heranwachsen. Mit demselben Freiheitsdrang. Das wir uns selbst permanent in allen möglichen Dingen in ihnen sehen. Wir lachten und schlugen uns gemeinschaftlich an die Stirn!

Sicher wird jetzt manch einer sagen, hat die eine Macke??? Ja! Definitiv! Die Frau ist allein durch die Gegend gezogen, hat eine Firma geleitet, hat nun ihre eigene kleine Firma in Norwegen und zieht bei Schneesturm und co durch die Wildnis. Wovor hat die Frau Angst? Ja, von außen betrachtet sieht es unglaublich taff aus und ja, eigentlich habe ich eine ganze Menge in meinem Leben geleistet, jedoch fällt es mir bis heute schwer, dies zu sehen. Ich trieze mich selbst immer zu mehr, muss immer neue Sachen probieren…
Also ein gewisser Dachschaden ist geblieben!

So manch einer hat inzwischen gefragt, oder auch Angst gehabt, dass all dies mich belasten würde, dass es mir Kraft rauben könnte. All die oft schrecklichen Dinge von anderen zu hören. Dies empfinde ich aber in keiner Weise so.
So schöpfe ich viel Kraft aus dem für andere da zu sein. So verbringe ich so manch eine Nacht, um an der Seite eines Freundes zu sitzen und ihm/ihr zuzuhören. Und ganz ehrlich, ich möchte mich bei euch bedanken! Bedanken für so viel Vertrauen und das ihr mir damit Kraft gebt weiterzumachen, es gibt mir einen Sinn im Leben. Ich werde immer für all eure Seelen kämpfen, zu jeder Tag und Nachtzeit!

Ich liebe euch.

Dazu ein paar positive Zeilen von Rachel N. Rennen

„Freude ist Ausdruck eines bedingungslosen Lebenswillens, die Fähigkeit sich nicht zuverschließen, nur weil das Leben nicht unseren Wünschen und Erwartungen entspricht. Freude entsteht aus der Bereitschaft, das Ganze zu akzeptieren und sich dem zu stellen, was ist. Das verleiht ihr eine Unverwüstlichkeit, die uns verloren ginge, wenn wir auf ein bestimmtes Ergebnis fixiert wären.“

Die Ideen sind ein wenig aus dem Internet zusammengesammelt. Es ist auch nur für mich persönlich. Jedoch steht es für meinen Willen jederzeit für jeden meiner Freunde zu kämpfen. Mit vollem Einsatz!!! Immer!!!

Und schon wieder Winter

Gefühlt ist fast immer Winter, jedenfalls ist die Schneefreie Zeit dann doch recht begrenzt. Die letzte Saison ging bis Mitte Mai und ab Ende Oktober hatten wir dieses Mal schon Schnee. Aber selbst im sogenannten Sommer kann man hier oft Minusgrade in der Nacht haben. So gibt es die These, dass alle hier nur so alt werden, weil nun mal Tiefgefrorenes sich länger hält...Was soll man sagen.

In jedem Fall stand dieses Jahr ein Weihnachten an, wo ich aufgeregt hoch zehn war. Ich konnte es nicht erwarten! Mama war schlichtweg am Durchdrehen, ich war schlimmer als zehn Kinder zusammen.

Denn zu diesem Weihnachten sollte Sønnei ihren eigenen Hundeschlitten in ihrer Größe bekommen. Ich platzte!

Kurz zuvor hörte und las ich dann einen Bericht von einem anderen norwegischen Mädchen. Sie nahm mit ihren Blutjungen 18 Jahren schon am Finnmarksløpet teil. Dies ist ein Schlittenhunderennen mit unterschiedlich langen Distanzen. Die längste Strecke, an der man starten kann, ist 1200 Kilometer.

Jedenfalls wurde sie gefragt, warum sie sich so sehr für das Schlittenhundefahren begeistert, warum sie nun auf diese lange Strecke gestartet sei. Sie erzählte das sie von Anfang an mit Schlittenhunden groß geworden sei und mit zwei Jahren dann einen eigenen Hundeschlitten geschenkt bekommen hätte...

Verdammt, sollte ich doch Sønnei ein Puppenhaus schenken? Sie war zu Weihnachten zweieinhalb Jahre alt! Nun war der Schlitten aber schon bestellt, also was solls. Wie war das mit dem „hoffentlich wird das Kind ganz anders und will nur ganz brav zuhause sein und Kleidchen tragen"? Ich habe es wohl mal so richtig ordentlich verkackt! Sorry, für die Ausdrucksweise. So rückte Weihnachten immer näher und der Schlitten stand fertig verpackt im Hobbyraum. Endlich stand Weihnachten vor der Tür, ich hätte am liebsten die

Bescherung schon mittags um 13:00 Uhr gemacht! Ich wartete aber noch brav bis nach dem Kuchenessen. Dann endlich wurde ich erlöst. So stürmte mein kleiner Wildfang ins Wohnzimmer und erspähte sofort das Objekt der Begierde. Auch verpackt, war es unverkennbar. Sie war sofort Feuer und Flamme und meinte nun kann ich mich in ihren Schlitten setzen und sie fährt mich durch die Gegend. Natürlich musste der Schlitten sofort ausprobiert werden, trotz Dunkelheit und lausigen fast 30 Grad Minus. Sie stand von Anfang an auf dem Schlitten wie ein Profi und Mama hing als lebendiger Schneeanker per Ski mit hinten dran. In ihren Augen konnte es nicht schnell genug gehen und sie wollte unbedingt mehr Hunde. Später in der Saison fuhren wir so immerhin schon mit zwei Hunden am Schlitten.

Ok, Mama platzte vor Stolz!

Langsam werden meine Hunde knapp, wenn mein Kind so weiter macht. So redet sie auch im Sommer von nichts anderem mehr als: „Wann kommt der Schnee?" und „Wann kann ich wieder Schlitten fahren?" Als Anfang der Saison dann endlich Schnee kam war sie nur schwer davon zu überzeugen das die ersten drei Flocken noch nicht reichten zum Fahren, sie war untröstlich.

Der Vollprofi.

So fuhr mein Kind mit gerade mal zweieinhalb Jahren auf dem Schlitten davon. Sie war schließlich schon als kleines Gummibärchen in mir, von Anfang an, dabei gewesen. In Deutschland erzählt und fragt sie dann alle meine Freunde, ob sie den Schnee mögen und ob sie gerne Schlitten fahren. So dreht sich ihre Welt ganz um dieses Leben. Was für eine Überraschung. Zeitgleich sollte sie aber auch schon Skilaufen lernen, alles, was man hier halt braucht. Im

Kindergarten steht sie dann den halben Nachmittag auf Ski und geht schon auf kleine Touren mit dem Erzieher und ein paar anderen Kindern. Auch ist sie mit zweieinhalb Jahren so schon ihr erstes kleines Rennen über 400 Meter gelaufen. Und Hovden und alle verrückten Norweger lassen sich da auch nicht lumpen. So gibt es eine ordentliche Loipe ins Zentrum als Ziel. Mit Zielbogen und allem Drum und Dran. So stehen haufenweise Leute am Rand und jubeln den Kleinen so zu wie den ganz großen Skiathleten. Sie werden angefeuert und gefeiert. Natürlich bekommt jedes Kind eine richtige Medaille im Ziel. Das ist schon was Besonderes, Ski an den Füßen gehören einfach zum Norweger.

Immerhin ist hingegen des langläufigen Spruches mein Kind hier in Norwegen zum Glück doch nicht gleich mit Ski an den Beinen zur Welt gekommen. Doch nochmal Glück gehabt, muss ich jetzt mal sagen! So wird es interessant, was sie sich diese neue Saison vornimmt. Bisher konnte sie nur einmal mit dem Schlitten die Straße entlang düsen. Doch werden wir sicher wieder großartige gemeinsame Touren machen und sei es nur Samstagmorgen hoch ins Fjell (Berge) zum Frühstücken.

Frühstücksplatz am Fiskebekknuten.

Buddeln auf Norwegisch.

Wir sind nun mal die Coolsten!

Auch führte mich mein Weg in der letzten Saison natürlich irgendwann hinauf zum øvre Væringsvatn. Mein heiß und innig geliebter øvre Væringsvatn. Und damit endlich auch mal wieder zu meinem Jack. War ich froh ihn endlich wieder besuchen zu können. So kämpften wir uns mühsam den Weg hinauf zu ihm, durch eine einfach unbeschreibliche Gegend. Eine Gegend, die einen immer kleiner werden lässt. Man schweigt von der Anmut, der Schönheit und der Stille.

Links im Bild, in der Mitte an den Büschen, da liegt Jack umgeben von unendlicher Weite.

So kann ich nun eigentlich nur Bilder sprechen lassen und hoffe sie laden ein zum Durchatmen, einmal zu verweilen, den Alltag mal liegen zu lassen und sich in die Weite zu Träumen. Versucht euch die Stille vorzustellen, das leise Knirschen der Kufen und das Hecheln der

Hunde verschmelzen zu einer einzigen Ballade. Eine Ballade, aus Träumen von Freiheit und Abenteuer, von der Leichtigkeit des Nichts. Tauchen wir ab…

Die Bäche brechen auf.

Ohne Fleiß kein Preis.

Fast geschafft.

Stille und Einsamkeit, Atmen.

Das Abenteuer mit meinen Hunden. Es sind nicht nur Hunde, nicht nur ein Leben hier in Norwegen. Es ist Leidenschaft und Lebensphilosophie, gemeinsame Herausforderungen machen uns alle zusammen stark, ihr beschützt mich. Nicht körperlich, jedoch tragt ihr meine Seele. Ohne euch würde ich mich verlieren.

Jedoch sind es nicht nur die wilden Abenteuer für die ich euch so sehr liebe. Sind wir doch eine große Familie. So liegen wir dann alle gemeinsam auf dem Sofa, nach dem wir eine wilde Fahrt durchs Gebirge hatten. So wird da maximal darum gekämpft, wer noch irgendwie auf meinen Schoss passt. Und ich kann euch sagen da können die echt kreativ werden. Meine verrückte Bande! Wenn ich doch mal mit Sønnei im Kinderzimmer spiele, dann stapelt ihr euch vor der Gittertür, wollt ihr doch alle so gern dabei sein. Oft genug lässt euch Sønnei dann auch herein. In ihrem Zimmer darf sie das jedoch selbst bestimmen. Zu allen anderen Räumen habt ihr freien Zugang, jedoch wollt ihr eh immer nur da sein, wo wir sind.

Und gibt es Sonntagmorgen dann wirklich mal gemütlich zur Ausnahme Frühstück im Bett, dann stapelt ihr euch ringsumher und weicht auch keinen Zentimeter mehr von eurem ergatterten Platz.

Das ist der herrliche Kontrast bei euch. Zum einen das wilde, freie, ungestüme und zeitgleich die Kuschelmonster, die weich und bequem liegen wollen, am besten quer auf einem drauf mit Kuscheldecke…

Ich möchte nicht ohne euch sein.

Mal schauen eventuell plane ich einen Wurf nächstes Jahr, nur weiß ich nicht, ob es die beste Idee ist. So kann ich nur einen der Würmer behalten. Und jeden neuen Besitzer von den anderen würde ich erst einmal massiv durch die Mangel nehmen. Uffda…

Sie hat die volle Kontrolle.

Alltagsleben. Oder, wer ergattert als erstes den besten Platz?

Über den letzten Winter hinweg konnte ich aber noch erleben wie die Hunde von Sigrid und meine zu einem sehr dynamischen, harmonischen Rudel zusammenwuchsen. Seit dem Herbst hatten wir sie gemeinsam vors Quad gespannt. Nun muss man sich vorstellen, ein kleines Quad, wo man eigentlich schon nur einzeln Platz darauf hat. Man hängt dort locker fröhlich acht Hunde ran und setzt zwei Erwachsene Personen obendrauf.

Das arme kleine Quad, jedoch hat es uns nie im Stich gelassen und wir hatten immer unseren Spaß. Ich weiß noch, wie hochkonzentriert Sigrid war, als sie das erste Mal alle Hunde steuern durfte. Sie ist einfach großartig, so kann ich ihr ohne weiteres ganz und gar vertrauen. Sonst gebe ich da nämlich niemandem meine Hunde, ich bin da eigen. So konnten wir dann später auch wunderbare lange Touren fahren und es war eine große Freude zu sehen wie alle unglaublich synchron zusammenarbeiteten. Sie bewegten sich als eine Einheit.

So nahmen wir oft Essen mit, oder auch den Kocher und ließen es uns gut gehen. Lustig war nur manchmal, dass sie als gemeinsames Gespann oft gar nicht ruhen wollten. So legten sich beide Rudel getrennt in der Pause immer sofort hin und entspannten, waren sie zusammen oft nicht zu bremsen und wollten einfach nur weiter. Weiter hinauf bis zum Horizont!

Wir Mädels strahlten um die Wette und fanden beide oft nicht die Worte für die unglaubliche Umgebung, die uns umgab. Das Licht, das Funkeln, die Weite und wir mittendrin. Ganz klein und fühlten uns zeitgleich so groß. Ich freue mich nun auf eine weitere Saison und ein paar kleine Trainingsrunden haben wir auch schon hinter uns. Erstaunlich zu sehen war, dass sie von der ersten Minute an sofort wieder als Einheit gelaufen sind. Es ist normal, dass die erste Runde nach der Sommerpause noch etwas holprig ist, so schossen sie hier aus der Einfahrt und waren eins. Wir konnten es gar nicht fassen und uns standen die Münder offen.

Das Licht spricht für sich.

Bis zum Horizont und darüber hinaus…

Die verrückte Bande ließ uns keine Pause machen!

Harter Job, trotz Scooterspur war der Schnee lose.

Sommer 2023

Nach einer langen Wintersaison waren wir alle bereit für eine Sommerpause. Jedoch nicht ohne es nochmal krachen zu lassen. Denn seit langem konnte ich wieder zu meinem Geburtstag eine Schlittenrunde drehen. Ich habe am 14. Mai Geburtstag und zu dieser Zeit liegt immer noch Schnee, jedes Jahr. Jedoch ist er meist nicht mehr fahrbar, da es meist schon leichte Plusgrade hat und so der Schnee nicht mehr trägt. Dieses Jahr sollte es genau an meinem Geburtstag nochmal Minusgrade geben. Ich holte den kleinen Schlitten wieder von aus seinem Sommerlager, hatte ich die Woche zuvor alle Schlitten weggeräumt, um nochmal eine Runde zu fahren. So machte ich mir Kaffee und packte meine sieben Sachen. Um noch genügend Zeit bei Minusgraden zu haben stand ich extra um 5:00 Uhr morgens auf und startete zum Lislesåta hinauf. Strahlend wie ein Honigkuchenpferd! Warum ich das erzähle, um den Wahnsinn zu schildern. So fuhr ich sieben Monate auf Schnee und mein größtes Glück zum Geburtstag war nochmals eine kleine Runde mit meinen Hunden zu fahren. Es war mein Geburtstagsgeschenk!
Welch ein Wahnsinn!

Geburtstag.

Diesen Sommer wollte ich auch Mal wieder auf anderen Wegen etwas verrückt sein. So ging ich, als wir in Berlin zum Urlaub waren zu einem Konzert von Metallica in Hamburg. War ich im Sommer zuvor schon nach über zwanzig Jahren das erste Mal wieder auf einem Konzert gewesen. Das Konzert erstreckte sich über zwei Tage und ich war etwas erschlagen von der Größe und den ganzen Menschen. Eine einsame Bergzicke inmitten tausender Menschen, das ist schon ein leichter Kontrast. Es war ein verrücktes Erlebnis.

Zurück in der Stille von Breive versuchten wir immer wieder kleinere Touren zu unternehmen. Zuvor hatte ich aber mal so richtig Frust geschoben. Hatte ich einen recht großen Auftrag über Winter erhalten. So sollte ich die Prämien für einen Schießwettbewerb von mehreren hundert Teilnehmern in meiner Firma produzieren. Und offen gesagt, ich hatte mir dezent den Arsch aufgerissen… So hatte ich deutlich mehr Zeit investiert, als ich je bezahlt bekommen würde, jedoch sah ich es als Investition in Werbung für meine Firma und freute mich wie Bolle auf die Veranstaltung. Hatten wir sogar unseren Urlaub in Berlin extra so gelegt, dass ich pünktlich zurück sein würde. Schlussendlich hatte es in den vier Wochen, wo wir in Berlin waren, in Norwegen nicht einmal geregnet und war damit sehr trocken. Als wir zurück waren, erfuhr ich zwei Tage vorher, dass die Veranstaltung durch die Trockenheit leider nicht stattfinden durfte.

Ich saß heulend in meiner Werkstatt. Verdammte Scheiße, nun hatte ich fantastische, großartige Prämien für die Mülltonne produziert. Und ich war echt stolz auf die Teile, weil sie wirklich gut gelungen waren. Und ja selbstverständlich waren die Jahreszahlen eingraviert und mit Harz gefüllt. Natürlich fing es pünktlich nach diesem Wochenende an zu regnen und hörte bis auf einzelne Ausnahmen auch den gesamten Sommer nicht mehr auf!

Manchmal ist das Leben ein Arschloch. Man kann es nicht anders sagen. So musste ich sogar darum bangen, dass ich nicht eine Tour mit Sønnei gehen konnte, da es nie auch nur zwei Tage zusammenhängend trocken war. Dies schafften wir dann aber zum Glück noch mit Ach und Krach. Zuvor nutzten wir jedoch, so oft es ging, die Möglichkeit um mit dem Boot und je drei Huskies auf eine Insel, nicht weit weg von hier, zu fahren. Da konnten die Hunde dann frei rumstromern und waren danach völlig zufrieden ausgetobt.

Kletterspaß.

So konnte ich immer wieder auch die Seele baumeln lassen und die kleinen Auszeiten nutzen. Denn gerade mit der Bande Gassi zu gehen, bedeutet Kampfsport zu machen. Sind sie alle das Ziehen gewohnt und springen einem hier noch zusätzlich permanent die Schafe vor die Füße. So ist das eine sehr angenehme Art alle auszulasten und glücklich zu machen. Zudem bauen sie so zusätzlich eine andere Art von Rudelzusammengehörigkeit auf. So stromerten sie durch die Gegend, jedoch ließen sie sich nie aus den Augen.

Ylva mein spezielles Mädchen.

Planschen ja, aber schwimmen tun sie nicht.

Disney Land für Hunde.

So verstrichen die Wochen und ich baute in meiner Firma schon wieder an neuen Dingen. Irgendwie muss es immer weitergehen. Außerdem habe ich nun mal Hummeln im Hintern. In die Ecke setzen, auch wenn mein Körper das gerne mal einfordert, tut mir schlussendlich nicht wirklich gut. Es ist für mich echt schwer die Balance zu halten. Zum einen muss ich, oder sollte ich, mehr Pausen einlegen als ein gesunder Mensch, zum anderen lenkt Arbeit mich ab. Dinge, an denen ich in psychischer Art noch arbeite. Da kann man noch so schlau sein und weiß selbst welchen pädagogischen Rat man anderen geben würde, dies jedoch selbst umzusetzen ist nicht immer einfach. So braucht mein Körper viel mehr Pause durch die Fibromyalgie und zeitgleich merke ich einfach noch stärker meine Schmerzen, wenn ich mich einfach mal nur hinsetze. So richtig einig bin ich da also mit mir selbst noch nicht. Ich diskutiere noch mit mir!

Natürlich war ich sofort Feuer und Flamme von der Idee doch eine Biwak Tour mit Sønnei zu machen. Ich sag ja, ich habe einen an der Klatsche! Hatte ich eigentlich die Nummer, Rucksack, wandern, draußen schlafen, dank meiner Schmerzen schon zu Grabe getragen. Mich also damit abgefunden, dass ich das nicht mehr konnte, so packte ich im Wahn des Ganzen fröhlich meinen Rucksack. Wollte ich mit meinem Kind eine Biwak Tour machen.

Um es so leicht wie möglich zu machen, verzichtete ich auf das Zelt und plante dafür einen großen Biwaksack ein. Das heißt ich nahm zwei Schlafsäcke mit und mit denen krochen wir gemeinsam in einen großen, wasserfesten, leicht isolierten Biwaksack. Alles zusammen auf dem Wohnzimmerfußboden verteilt ergab trotzdem eine ganze Menge. So plante ich noch zusätzlich Baldur mitzunehmen. Dieser konnte dann noch Packtaschen bekommen und so auch einen kleinen Teil der Ausrüstung tragen. So zogen wir zwei Mädels davon, in die Berge. Was für ein Abenteuer! Ich war wahnsinnig aufgeregt, wusste ich noch nicht so recht, wie ich und wie auch Sønnei das ganze wegstecken würden. Auch war sie gerade mal gut drei Jahre alt und die Strecke führte uns halt ins Hochgebirge. Ein normales Kind konnte man da definitiv nicht hochschicken.

Aber normal zählt bei uns schon mal nicht und zudem ist sie auch am heranwachsen zu einer echten Bergzicke. Trotz allem macht man sich so seine Gedanken, auch ob es zu Krisen auf der Strecke führen würde, beziehungsweise Diskussionen einer Dreijährigen. Die einen als Elternteil oft zuhause in den Wahnsinn treiben. Vorneweg kann ich verraten, wir hatten die beste Zeit unseres Lebens auf Tour. Es gab kein einziges Mal eine Diskussion, oder auch nur eine Kleinigkeit. Mein Kind strahlte und ich strahlte mit!

Auch hatte ich Baldur zuvor nie Packtaschen aufgesetzt, so hätte er ja zumindest mal doof gucken können. Aber auch er zog es durch, war es doch viel zu aufregend da draußen.

Sommer wie Winter, wir beiden Mädels rocken das Ganze nun Mal.

So zogen wir los, Überraschung, wieder in unser Væringsdalen. So ging es den ganzen Tag hinauf. Über Stock und Stein, durch Moore und Flüsse. Wir meisterten alles. Ich war trotz des Wissens, dass sie das schafft, doch beeindruckt, wie leicht Sønnei alles hoch und runter kletterte. Sie konnte alle Hürden einschätzen und rutschte im Zweifel auf dem Po eine Schräge runter. Sie meisterte so gut wie alle Bäche und Moore allein und ich musste nur aufpassen, dass sie nicht vollends nass wird, da sie Wasser einfach liebt. Schlussendlich waren natürlich trotzdem die Schuhe durch, aber dann bekam sie Tüten über die Socken und dann wieder rein in die Schuhe. Das ist hier eine gängige Methode. Auf dem Weg machten wir mehrere Pausen, spielten im Fluss, oder aßen massenweise Essen. Das Hauptgewicht in meinem Rucksack. Man glaubt nicht wieviel Essen man auf solch einer Tour allein fürs Kind mitschleppen muss…

Im Sommer sieht das ganze völlig anders aus.

Immerhin sollte der Rucksack am nächsten Tag entsprechend fast nur noch die Hälfte wiegen. So gingen wir bis zum unteren Væringsvatnet. Und suchten uns ein halbwegs trockenes Plätzchen, mit fließendem Wasser in der Nähe zum Trinken und Kochen.

Die beiden Jungspunde.

So fanden wir jedenfalls ein fantastisches Plätzchen mit Aussicht hinauf zum øvre Væringsdalen, bis hin zu dem kleinen Hügel, wo Jack lag. So konnte er also zu uns hinüberschauen.

Dazu eine kleine gesonderte Geschichte. Jeder Tierbesitzer, der dazu noch ein kleines Kind hat, steht irgendwann vor der Entscheidung sein Tier erlösen zu müssen. Was jedoch erzählt man seinem Kind. Jeder sollte dies sicherlich selbst entscheiden, wir entschieden darüber ganz offen mit Sønnei zu reden. Der Tod gehört auch, wenn vielleicht nicht unbedingt gewollt, mit zum Leben. Er bildet die Grundlage unseres Seins. Natürlich passt man das ganze dem Alter an und versucht den Kindern eine Möglichkeit zu geben sich das ganze zu erklären. Begreifen sie die Welt noch anders. So erklärten wir ihr das Jack schon sehr alt und krank war, dass ihm die Kraft ausging. Somit ist er gestorben und lebt nun im Himmel bei den anderen. Sie können von dort aus jederzeit auf uns hinunterschauen. Dies führte zu ganz süßen Gegebenheiten, wo ich so manch eine Träne runterschlucken musste, waren es Sønneis Gedankengänge, die total positiv waren.

Hier nun ein paar Geschichten:

Oft wenn wir mit allen Gassi waren, oder sie im Auto saß, winkte sie plötzlich in Richtung Himmel und sagte „Hallo Jacki". Auch wollte sie auf der Schaukel immer besonders hoch schaukeln, um Jack näher zu sein. Ebenfalls versuchte sie auf dem Trampolin, aus demselben Grund, möglichst hoch zu hüpfen.

Als ich dann im Spätsommer allein in die Niederlande zu einem Festival flog, war ihre große Frage, ob ich denn auch Leckerli mitgenommen hatte. Dies war unendlich wichtig. Ich brauchte erst eine Minute, bis ich verstand, klar, ich war mit dem Flugzeug im Himmel gewesen und so musste ich doch für Jacki Leckerli mitgenommen haben.

Auch war ihr klar das Jack hier in Norwegen gestorben war und er hier im Himmel lebte, so war ihre größte Sorge, als wir für Berlin packten, um Oma und Opa zu besuchen, ob Jacki dann auch mitkäme. Er konnte doch nicht hier allein bleiben. Sie freute sich riesig auf Oma und Opa, jedoch sollte Jack nicht allein bleiben, dass lässt einem das Herz platzen.

So saßen wir dort oben in den Bergen und ließen es uns gut gehen. Dann kam von Sønnei die Frage, ob Monster hierher kommen könnten. Ich muss dazu sagen, dass Monster bei uns nicht immer böse sind. Sie sitzen bei uns mit am Esstisch, kitzeln einen und machen Blödsinn. So erklärte ich ihr, dass wir uns da keine Sorgen machen müssten. Sharon, Flint, Arthur, Sutur und Jack würden ja vom Himmel aus alles im Blick haben und wenn die was sehen, würden sie Baldur Bescheid geben und der beschützt uns. Damit war ihre Welt erklärt. Sie fragte dann noch, ob wir denn nicht mal einen Helikopter nehmen könnten, so einen wie Skye (Paw Patrol) hat, um einmal hoch in den Himmel fliegen zu können, um Jack zu besuchen… Die Fantasie eines Kindes. So sind die Hunde, auch wenn sie nicht mehr da sind, jederzeit bei uns und niemals ganz fort.

Geheimnisse?

So verging unser Nachmittag da oben in den Bergen. Wir bauten kleine Häuser aus Ästen für die Hunde von der Paw Patrol und sie hatten wilde Abenteuer. Auch gab es scheinbar geheime Absprachen zwischen Sønnei und Baldur von denen ich nichts erfahren durfte. Bäume wurden erforscht und ich strich langsam die Segel, war das

Kind nicht im Geringsten müde oder erschöpft von der langen Wanderung. Jedoch platzte ich ehrlich gesagt vor Freude, hatte ich es bis hierher sehr gut geschafft, trotz meiner Erkrankung. Irgendwann war es jedoch soweit, dass es ins Bett, beziehungsweise ins Biwak gehen sollte. Nun hatten wir aber zu dieser Jahreszeit mehr oder minder keine Dunkelheit und die Sonne strahlte uns direkt ins Gesicht. Eine etwas schwierige Hürde so das Kind in den Schlaf zu bekommen. So las ich recht lange an dem Abend, doch schlief sie dann tief und fest ein. Ich musste nur in der Nacht aufpassen, dass sie die Mütze aufbehielt, sollte es doch auf Null Grad runter kühlen. Schlafen tat sie aber wie eine Tote. Sie rührte sich nicht und schlief lange aus am nächsten Morgen.

Das kuschelige Lager, mit Aufpasser.

Am Morgen lag alles still und friedlich im Nebel und Tau, so nahmen wir uns die Zeit für ein gemütliches Frühstück. Hatten wir viel Zeit. So zogen wir danach los in Richtung nach Hause. Meinereiner war froh, dass der Rucksack um einiges leichter geworden war. Jedoch wusste ich nun das ich solch kleine Touren unter diesen Bedingungen noch zu leisten im Stande war. Dies eröffnete ganz neue Möglichkeiten. Möglichkeiten, die ich schon deprimiert von meiner Liste gestrichen hatte. Natürlich war ich tod, als ich zuhause ankam, aber es ging. Es ging mir besser als ich es erwartet hatte!

Kurz bevor ich dann am Ausgangspunkt ankam, kamen mir zwei Bekannte aus Hovden entgegen, wir überquerten gerade einen kleinen Bach. Ich vergesse nie ihren Gesichtsausdruck, als sie Sønnei erblickten. Sie waren doch überrascht das meine Kleine diesen Weg schon meisterte. So sahen sie aber zeitgleich auch, dass sie zu einer echten Bergzicke heranwuchs. Schon auf dem Rückweg zog das Wetter wieder zu, doch sollte es halten, bis wir zuhause waren. So hatten wir wirklich die kleine Lücke guten Wetters genutzt, um doch noch eine Wanderung in die Berge zu machen. Ich war unendlich glücklich.

Festivals und andere Katastrophen

So sollte der Sommer aber noch weitere Highlights, aber auch Katastrophen beinhalten. Sollte also nicht langweilig werden. So muss ich dazu ausholen, indem ich sage, dass sich Hovden nicht nur optisch geändert hat, sondern auch das die Seele ein wenig einen Knick bekommen hat. In jedem Fall war früher mehr Party. Ich will damit nicht sagen, dass früher immer alles besser war, jedoch war hier mehr Party. So war der Zusammenhalt stärker und die Partys wilder, vielleicht waren auch alle noch jünger und die Jungen von heute machen genauso im Geheimen ihre wilden Partys!? Man kann es nicht wissen. In jeden Fall wurde ich zu einer Party diesen Sommer eingeladen. Von Kenneth meinem Physiotherapeuten. Einem Menschen, der mir von Grund auf sympathisch ist. Bei ihm habe ich sofort das Bedürfnis ihn mit einer Umarmung zu begrüßen. Ich war aber doch überrascht, dass ich zu einer privaten Party bei ihm eingeladen war. So kam es mir einem Ritterschlag gleich. Somit war die Veranstaltung Pflicht, komme was da wolle.

Er war von Hovden runter nach Bykle gezogen und organisierte ein kleines Minifestival im Garten bei sich. Jeder sollte einfach Essen mitbringen und es sich gemütlich machen. Es sollte ein unglaublicher Abend werden. So kamen gut zwanzig Freunde zusammen, die Hälfte kannte ich schon länger. Natürlich musste es regnen, so wie schon den ganzen Sommer, jedoch tat das der Stimmung keinen Abbruch. So saßen wir alle eng beieinander unter einem kleinen Zelt, umgeben von hohen Bergen und kleinen Seen. Neben uns bimmelten die Schafe. Im Laufe des Abends nahmen alle irgendwann die Gitarre in die Hand und gaben Lieder zum Besten. Das ist hier auch eine Besonderheit in Hovden, vielleicht auch in ganz Norwegen, dies weiß ich nicht. In jedem Fall spielt hier gefühlt jeder Gitarre und kann wirklich gut singen. Da stand mir schon so oft der Mund offen. So saß ich da und hätte am liebsten nur geheult. War die Stimmung so unglaublich, alles im Grunde so surreal. Saßen wir da alle im Regen und hatten die beste Zeit überhaupt. Auch hatte ich an diesem Abend keinerlei Probleme zu reden, wie mir der Mund stand und ebenfalls auch alle um mich herum gut zu verstehen. Das war schließlich in so einer Runde schon einer Herausforderung. Jedoch ging das locker, flockig, war ich wahrscheinlich auch wirklich sehr entspannt.

Auch holte dies mich aus meiner Einsamkeit.

Diese drohte mich nämlich so langsam aufzufressen. So schön wie die Welt hier oben ist, so unendlich einsam kann das auf Dauer sein. Sicher brauche ich nicht Menschenmassen und die Stadt, aber da ich nun mal auch noch von zuhause aus arbeite, komme ich nie raus. Es hat was von einem goldenen Käfig. Ich habe inzwischen von so vielen gehört, dass die Einsamkeit hier oben nur starke Menschen aushalten. Es gehört, so komisch es klingen mag, eine gewisse Kraft dazu hier oben bei all den Widrigkeiten leben zu können. Auch habe ich von so manchem der hierher ausgewandert ist und nach einem Jahr aufgegeben hat, gehört, dass es die schlimmste Zeit ihres Lebens war. Sicherlich empfindet es jeder anders. Aber ich möchte den Denkanstoß geben, dass alles, was so schön und verlockend im ersten Augenblick ist, auf Dauer durchaus zur Hölle auf Erden werden kann. So verstehe ich inzwischen immer mehr das zurückhaltende Verhalten der Einwohner hier. Zum einen macht das Leben einen hier zum Außenseiter, zum Alien in gewisser Weise, zum anderen sieht man viele Leute hier mit der Zeit kommen und gehen. Man wird müde immer wieder neue Kontakte aufzubauen, sind sie meist im nächsten Jahr wieder weg. Es tut zuweilen auch einfach weh, wenn man jemanden echt mochte, auch wenn man es versteht, dass sie es nicht aushalten.

Somit war die Einladung ein Ritterschlag. Nun gehörte ich dazu. Nach zehn Jahren, gehörte ich zu denen, eine Bergzicke halt.

Der Abend bei Kenneth wurde jedenfalls noch lange und ich sollte zu den letzten gehören, die gingen. Das war mir auch noch nie passiert. So bin ich immer eine der Ersten normalerweise, da ich körperlich nicht länger konnte. An diesem Abend spürte ich aber nicht auch nur einen Schmerz, war er in die hinterste Ecke verbannt.

Auch sollte ich in diesem Jahr zum Rekord Festival gehen. Dies ist ein Festival, wie schon beschrieben, hier im Ort, über zwei Tage. Organisiert und durchgeführt unter anderem von Kenneth und Freunden. Ich war im allerersten Jahr, wo ich hier ankam, mal einen Tag hingegangen, aber da hatte ich noch keinerlei Verbindung zu hier. Dieses Mal sollte das ganze schon ganz anders aussehen. So dauerte es nicht lange, da war die Truppe von Kenneth wieder beisammen und die Party konnte losgehen. Sind am Freitag auch noch Hüttenleute mit von der Partie, ist es am Samstag fast eine Dorfinterne Party von großem Ausmaß. Man kann es kaum in Worte fassen was dort abgeht. Kennt man alle mehr oder weniger persönlich, kennt man sie im Zweifel auch noch beruflicher Weise. So sind alle gelöst und strahlen um die Wette. So tanzt man wild umher und keinem ist auch nur irgendwas in geringster Weise peinlich. Das macht das ganze so ungezwungen. Wo mir jedoch die Kinnlade mal komplett auf den Boden ditschte, war bei der letzten Band des Abends. Sie brachten alle uralten Diskoklassiker zum Besten. So stimmten sie plötzlich zu „Neunundneunzig Luftballons" an, und Hovden tobte. Ich stand da und kam mir vor wie im falschen Film. Stand ich da am Strand, alle Freunde und Bekannten tanzten und sangen und die Band spielte ausgerechnet einen alten Diskoklassiker aus dem Osten. Bin ich ja noch aus dem alten Osten. Das war an Surrealität kaum zu übertreffen!

Das werde ich wohl nie vergessen, diesen Augenblick. Der Abend sollte ebenfalls lang werden. So musste ich doch erst über vierzig werden, um solche Sachen zu erleben.

So stand in diesem Sommer aber eigentlich noch ein weiteres Highlight an. Dummerweise muss ich eigentlich sagen. Denn es sollte nicht so verlaufen, wie es geplant war. So war ich in meinem Leben noch nie auf einem Festival gewesen und war aber großer Fan von Megadeth. Dies ist eine gemeinsame Lieblingsband mit einem Freund hier aus Hovden. Wir verbringen so manch einen Abend miteinander und lassen uns von seiner Anlage das Hirn ausblasen. Uns hilft beiden diese Musik, um das Hirn mal auszuschalten, die Dämonen zum Schweigen zu bringen. Und ja da muss das so laut sein, dass die Couch vibriert. So sollte jedenfalls diese besagte Band aus den USA in den Niederlanden spielen. Nach langem Ringen kaufte ich mir ein Ticket und wollte seit so langer Zeit quasi auf große Reise gehen. Nachdem ich mir mein Ticket gekauft hatte, wollte sogar mein Freund mitkommen. War das eine Überraschung. War ich doch noch nie mit irgendjemanden irgendwo hingefahren. So viele neue Erfahrungen nun mit über vierzig. Die vierzig, die neuen Zwanziger wohl in meinem Fall. In jedem Fall freuten wir uns wie Bolle auf das Festival gemeinsam. Ganze lange 9 Monate mussten wir darauf warten, bis es losgehen sollte, fast wie eine Geburt. Noch einen Monat vorher philosophierten wir darüber, wie es werden würde und was die Band wohl an Liedern spielen würde.

Am Donnerstag, zwei Stunden bevor ich zum Flughafen aufbrechen wollte, kam dann die Kurznachricht von ihm, dass er auf einer Insel beruflicherweise festsaß. Ich machte mal gepflegt einen auf Klappstuhl und brach in Tränen aus. Hatten wir uns so lange darauf gefreut. Mir zog es einfach den Boden unter den Füßen weg und ich konnte einfach nicht mehr aufhören zu heulen. So brach ich später heulend zum Flughafen auf und heulte noch permanent die Nacht im Auto. Der Flug sollte erst am nächsten Tag morgens um 6:00 Uhr gehen. Als ich dann um 5:00 Uhr nächsten Tag durch die Sicherheitskontrolle ging war es erstaunlich das sie mich durchließen. Ich sah zum Gruseln aus, dass konnte man auch in keiner Weise schön reden. So stapfte ich als Zombie zur nächstbesten Cafeteria um mir einen Kaffee einzuhelfen. Im Flugzeug war es echt ein bescheidenes Gefühl, um es vorsichtig auszudrücken, neben einem leeren Stuhl zu sitzen, hatte ich ihn ja Donnerstagvormittag schon mit eingecheckt. Irgendwie wuselte ich mich jedenfalls zu dem Hotel in Eindhoven und checkte im Zimmer ein. Nach der Nacht sah ich leider immer noch wie ein Zombie aus und schlich runter in die Lobby zum Kaffeeautomaten. Hier mal ein Amen für den Erfinder des Kaffeeautomaten! Heilige, geile Sau, du!!!!!

Trotz meines etwas labilen Zustands kam ich ins Quatschen mit dem Hotelchef. Er lud mich auf einen weiteren Kaffee mit nach draußen ein. Wir unterhielten uns mit Händen und Füßen, hatte mein Englisch echt gelitten in den Jahren, wo ich nun Norwegisch lernte. Es war nicht das Problem es zu verstehen oder zu lesen, jedoch kam immer, wenn ich antworten wollte, die Hälfte Norwegisch raus. Es war zum Mäuse melken.

Jedoch schätzte mich der junge Kerl von 28 Jahren auf gerade mal 32, maximal 35 Jahre ein. Hach, mein Ego fühlte sich geschmeichelt. Er war trotz seiner jungen Jahre noch ein richtiger Gentleman, denn ohne zu Flirten, war er, unglaublich zuvorkommend. Ich war leicht irritiert. Ich, die Bergzicke, die immer alles allein macht, in der Werkstatt spielt und sich bei minus 30 Grad durch den Schneesturm kämpft, ich wurde plötzlich als Dame behandelt. Eine Nummer, die ich so sonst eher abgelehnt hätte, aber in der Situation tat es einfach gut. So fuhr er mich sogar noch an beiden Tagen zum Festival Gelände und schlussendlich sogar noch zum Flughafen. So stand ich also da, auf meinem ersten richtig großen Festival in Massen an Leuten. Ein doch starker Kontrast zu Breive. Aber was solls, es waren meine Tage, mein erster richtiger Urlaub seit zehn Jahren, so versuchte ich ein wenig die Stimmung zu genießen. Als am Abend jedoch die Band spielen sollte weswegen ich beziehungsweise wir, hierher wollten, kam ich nicht wirklich in Stimmung. Ich fühlte mich eher verloren inmitten tausender Menschen. Da hatte es mir einfach die Suppe versalzen. Trotz allem muss ich sagen, dass das gesamte von der Location und dem Drumherum für mich sehr angenehm war. War auch eine große Angst von mir, wie ich den Tag dort allgemein überstehen sollte. Durch die Fibromyalgie schaffe ich solche langen Hammertage nicht mehr. Ich hatte mir aber ein VIP-Ticket geleistet, so konnte ich mich zu jeder Zeit aus dem Getümmel ziehen und mich hinsetzen. Hatte jedoch trotzdem alles im Blick und wenn ich dann wieder konnte und Lust hatte, ging es wieder für ein bisschen Party rein ins Getümmel. So vergingen die Tage schnell und ich trat die Reise nach Hause an. Geknickt, aber ich hatte versucht das Beste daraus zu machen. Im Herbst habe ich dann lange mit mir gerungen, aber ich habe mir inzwischen schon das neue Ticket für das nächste Jahr gekauft. Und nicht nur das, auch noch gleich für ein weiteres Eintages-Festival hier im Land. Jedoch ist Norwegen groß, so brauche ich selbst dahin den Flieger.

Der Blick vom VIP-Bereich aus.

Ups, willkommen Aveli

Ja, was soll ich sagen. Man darf mich einfach nicht unbeaufsichtigt lassen! Gestern habe ich 40 Minuten vor Feierabend aufgehört und mit einer lieben Freundin telefoniert. Genau die, die hier den Mist auch Kontrolllesen muss...arme Kathrin. Sie hat im Moment einen acht Wochen alten Wurf. Hingegen, dass sie vorhatte fast alle Welpen zu behalten, versucht sie nun drei Welpen zu verkaufen. Allerdings, weil sie mehr ein Rüden Rudel aufbaut, hingegen ich ein Weiberrudel habe. Und was ist zu ihrem Leidwesen aus ihrer Hündin rausgeplumst, fünf Mädels und ein Rüde. Nun hatte ich durchaus eigene Pläne für einen Wurf mit Vinga und Baldur. Jedoch ist Vinga schon sechs nächstes Jahr und da es ihr erster Wurf ist, wäre es schon etwas knapp vom Alter her. Die Chance auf Komplikationen steigt einfach. Zudem würde im nächsten Winter der Hund noch Welpe sein und somit nicht einsetzbar. Da aber Ylva und Fenja mehr oder weniger rausfallen war ich am ringen mit mir. Wollte ich eigentlich auch nur Welpen ins Rudel integrieren, wegen des späteren Zusammenhaltes und auch wegen der Anpassung aufs Kind. Aveli kommt jedoch aus Deutschland und so kann sie erst nächsten Sommer zu uns ziehen. Jedoch käme sie als Junghund mit acht Monaten zu uns, wo sie sich noch gut integriert, auch kommt sie aus einem Rudel und Kathrin hat selbst ein kleines Kind und erwartet ein Baby, damit wäre sie durchaus kleine, verrückte Wesen gewohnt. So war es perfekt und was soll ich sagen:

* Willkommen im Rudel des Wahnsinns. *

Willkommen in Breive. Auch wenn du erst im Juni zu uns kommen kannst. So warten wir gespannt auf dich.

Aveli du Süße.

Hoch hinaus auf unseren Hausberg

Der Sommer neigte sich dem Ende. Naja, eher kalendarisch, denn im Großen und Ganzen war der Sommer dieses Jahr hier ausgefallen. Aber so kam Sønnei immer mehr auf die Idee sie wolle doch unbedingt hinauf auf den Berg gegenüber vom Haus. Klar, wir fangen nicht im Kleinen an, nein wir klettern gleich ein Bergmassiv hoch. Ich weiß gar nicht woher das Kind, das hat. Räusper, hüstel…

So kaufte ich zuerst einmal ein Klettergeschirr für kleine Kinder. Ich war überrascht, dass es dies überhaupt in solch einer kleinen Größe gab. Aber wollte ich sie doch vorm Abrutschen sichern. So fuhren wir mit dem Boot hinüber. Jan nahm unseren Jungspund Baldur und ich sicherte per Seil Sønnei.

Hatten meine Eltern zuvor schon Todesängste wegen mir immer durchstehen müssen, mussten sie dies jetzt auch noch doppelt aushalten. Meine armen Eltern. Aber der Apfel fällt bekanntlich nicht weit vom Stamm. So zogen wir los und bahnten uns den Weg hinauf.

Breive ganz klein.

Mit Pausen zwischendurch, schafften wir das ganz locker und flockig den Berg hinauf. Wir hätten es locker noch weiter geschafft. Für das Kind war es dann natürlich der größte Spaß Felsen auf dem Popo hinunterzurutschen und dabei gesichert von Mama zu sein. So hätten wir manch einen Felsen auch umgehen können, machte es aber viel mehr Spaß ihn hinunterzurutschen.

Sicherheit geht vor, auch wenn wir verrückte Sachen machen.

So genossen wir die Sonne und die Aussicht über Breive mal aus der Vogelperspektive. Jedoch blieben wir nicht lange da es sehr ungemütlich oben wehte. Doch hatten wir nun auch das erkorene Ziel meines Kindes erreicht und sie war glücklich.

Rock 'n roll. Da erlebt man die Welt nochmal aus einem anderen Blickwinkel.

Nach dieser Abschlusstour ging es nochmal zu Besuch nach Berlin und dann stand auch schon wieder die neue Saison vor der Tür. Die Zeit verrennt ich komme kaum mehr hinterher!

Die neue Saison

So verbrachten wir nochmal eine schöne Zeit in Berlin und Sønnei erzählte von nichts anderem, als wann denn nun endlich der Schnee käme. Mein geliebter Wildfang. So starteten wir in die Saison Mitte Oktober zuerst mit dem Quad. Jedoch sollte der Schnee schon Ende Oktober kommen und auch bleiben. Und das ganze in so großen Mengen, dass ich recht schnell das Quad gegen den Schlitten eintauschte. Heute haben wir aktuell minus 20 Grad. Jedoch kommt über Nacht, für eine Woche, Mildwetter. So trainiere ich heute nochmal die Hunde und dann haben die eine Woche Pause.

Wir haben in anderthalb Wochen Weihnachten und die Norweger haben für diese Wärmeperiode sogar ein eigenes Wort. Je nach Region allerdings gibt es unterschiedliche Worte dafür, hier vor Ort ist es das „Leftsetøyre". Leftse ist eine gebackene Mehlspeise in Form eines Eierkuchens. Jedoch ist es eine haltbare Variante. „Tø" bedeutet tauen. So wird es als der Legende nach vor Weihnachten nochmals warm und taut, weil alle ihre Backöfen anmachen, um Leftse herzustellen. Ich finde das ist eine sehr süße Erklärung des Ganzen.

Ich freue mich in jedem Fall auf viele neue Abenteuer, viele Touren durch die Einsamkeit, das Sturm uns die Locken glatt föhnt und ich so manch einmal mich fragen werde, warum ich mir das eigentlich antue. Dann werde ich lächeln, den Schneeanker heben und davon düsen. Bis zum Horizont und darüber hinaus…

Mein Leben!

Ende

Ende, oder auch immer wieder der Anfang von etwas Neuem. Hier ein Gedicht zur Einstimmung, leider habe ich nie raus gefunden wer dies geschrieben hat.

Ist es das mit dem Traum und dem Traumland,
nicht etwas Neues zu finden, sondern etwas wiederzufinden.
Etwas, was schon lange in einem schlummert.
In einer fast vergessenen Ecke der Seele.

Viele kamen, viele scheiterten,
aber ist es nicht besser zu scheitern,
anstatt zu bereuen, es niemals versucht zu haben,
seinen Traum zu verwirklichen, sein Traumland zu finden?

Was ist es nun, zurück zu der Frage ganz am Anfang des Buches. Geliebtes oder gehasstes Norwegen?

Ich denke, das kann man nie ganz zufriedenstellend beantworten. Denn in gewisser Weise muss man sein Traumland in sich selbst finden. Dann und nur dann ist man überall zuhause. Denn Frieden muss man im Herzen tragen und offen für Abenteuer sein. Nicht alles im Leben läuft gerade aus. Das macht es nicht immer einfacher, aber doch auch spannender. Was wird hinter der nächsten Biegung auf uns warten? Erklimmen wir noch den nächsten Hügel, dass Leben stellt uns Herausforderungen. Manchmal haben wir Angst, aber auch Helden haben Angst. Das, was sie zu Helden macht, ist dass sie es trotzdem versuchen. So lasst uns schauen, was hinter der nächsten Biegung liegt!

Danksagung

Zuallererst geht der Dank natürlich an meine Eltern, sie haben mich ins Leben geschmissen und in bestem Wissen und Gewissen erzogen und über ein paar Hürden gebracht. Ich weiß, ich koste euch unendlich viele schlaflose Nächte und wohl auch den einen oder anderen Gang zum Frisör, um die grauen Haare färben zu lassen. Diese wachsen einem wohl im Leben mit mir.

Das kann Jan schon mal nicht passieren. Er hat nämlich mehr oder weniger keine Haare mehr und nein, in dem Fall bin ich unschuldig. Immerhin hältst du es schon verdammt lange mit mir aus. Du lässt mir meine Freiheit, so dass ich gehen kann und zeitgleich auch wieder nach Hause kommen kann. Ich kann all meinen verrückten Ideen und Wünschen freien Lauf lassen und sie umsetzen. Dafür bin ich dir unendlich dankbar.

Auch begleitet mich ein ganz ansehnlicher Haufen Verrückter zum Teil schon viele Jahre in meinem Leben. Ihr seid einfach die Besten. Ihr geht mit mir durch jedes Tal und feiert mit mir die Höhen.
Ihr glaubt an mich, wenn ich es selbst nicht kann und schüttelt mich auch mal durch, wenn es nötig ist. Trotz Entfernungen von oft nicht unerheblichem Maß, seid ihr immer an meiner Seite.
Ich liebe euch. Ihr wilden Chaoten...

Für immer!

Ende die Zweite

Weil ein Ende, halt nie ein Ende ist. Oder das geheime, unkontrollierte Kapitel in diesem Buch. Inzwischen hat meine liebe Freundin Kathrin mein restliches Buch kontrolliert und auf Reisen zu mir geschickt. Wie sie das hinbekommen hat, wird mir immer ein Rätsel bleiben. Mit Kleinkind, Baby, einem Haufen Huskywelpen, Fischzucht und Hühnern hätte ich die Segel gestrichen.

Daher gibt es jetzt ein ergänzendes Kapitel der vergangenen Monate, wo ihr dann selbst eure Kommas setzen könnt!!! Jawohl, mein Leben funktioniert hervorragend ohne Kommas. Kommas die eine Pause im Satz bilden. Hallo? Wer mich kennt, der weiß das es in meinem Leben auch keine Pausen gibt und ich durch die Gegend renne wie ein Eichhörnchen auf Speed. Also seid gnädig, es ist nur konsequent von mir…

Was ist also seit Weihnachten hier los gewesen? Nachdem die Saison recht früh mit reichlich Schnee gestartet war, hielt sich der Schneefall Ende Dezember bis Mitte Januar sehr in Grenzen, so dass ich sehr gut mit dem Schlitten fahren konnte. Wenn auch nur die Strecke hier hinter dem Haus. Ende Dezember bekam ich dann die Zuweisung zur Operation meiner Brust in Arendal. Hier bekommt man Online über seine Patientenakte einen Brief wann und wo man behandelt wird. Nun stand also plötzlich meine Brustverkleinerung an. Mitten in der Saison, am 19.01. So ein Mist. So sollte man schließlich auch mindestens acht Wochen danach keinen Sport machen und am Anfang natürlich langsam beginnen. Erstens, was mache ich mit meinen Hunden, zweitens Hallo!?, da wären wir wieder bei der Nummer mit dem langsam und den Pausen. HAHA! Nur was blieb mir übrig, verschieben um dann irgendwann einen Termin zu bekommen der noch dümmer liegt war auch keine Option. Also

Augen zu und durch. Ich hatte sehr gemischte Gefühle. Nicht nur wegen dem Ausfall über eine längere Zeit und dass ich nun mal nicht der Pausen-Typ bin, sondern auch was die Verkleinerung anging. Ich hatte schon seit dem dreizehnten Lebensjahr, also von Anfang an, einen sehr großen Busen. Die Brust war in den letzten Jahren auf eine 80J heran gewachsen bei gerade mal etwas über 65kg. Ich war zwar durch Gewichtsverlust zu 55kg auch kleiner am Busen geworden, aber es war halt immer noch gewaltig. Natürlich hatten Gewichtsverlust und das Stillen ebenfalls seinen Tribut gekostet und ich konnte meinen Busen quasi in den BH rollen. Dies war trotzdem kein Grund für mich zur Operation. Grund war das ich einen wahnsinnigen Rundrücken hatte und damit einhergehend dauerhaft eingeklemmte Nerven in der Brustwirbelsäule und starke Schmerzen in der gesamten Wirbelsäule und Nacken. Da ich aber noch lange halbwegs fit bleiben wollte, für Kind, meine Hunde und natürlich für mich selbst, war es unumgänglich. Aber ich gruselte mich trotzdem! Hinzu kam, dass bei mir die größtmögliche Operation anstand, weil so ziemlich alles zerschnippelt werden musste. Geplant wurde sie vom Krankenhaus trotz allem als ambulante OP. Was bei mir eigentlich ausgeschlossen ist mit einem Fahrtweg von knapp fünf Stunden. So kommunizierte ich von Anfang an, dass ich bitte dort übernachten möchte. Dies wurde mir auch immer wieder bestätigt. Dann jedoch wechselte das Krankenhaus in der Woche der OP erst den Termin von Freitag auf Donnerstag, um dann am Mittwochnachmittag wieder auf Freitag zurückzuwechseln. Was erstmal in Ordnung war, da, wie sollte es anders sein, am Dienstagabend mein Hals anfing zu kratzen und ich Mittwoch mit knapp 40 Fieber flach lag. So hatte ich einen Tag mehr, um wieder auf den Beinen zu stehen. Nun beschloss aber das Krankenhaus, dass ich doch nicht dortbleiben dürfte und mit einem Taxi nach Hause müsste. Dies fällt dann unter Krankentransport und wird vom Staat getragen. Trotzdem war es absolut unverständlich und unverantwortlich. Zudem kam, dass ich somit auch nicht mit dem Auto hinfahren konnte, da dies ja sonst dortblieb. Also musste ich noch halb sterbend am Donnerstagnachmittag den Bus runter nach Kristiansand nehmen und von dort nach Arendal in ein Hotel. Dies war somit ein 6 Stunden Trip und ich kam um 22.00 Uhr im Hotel an. Nach wie vor krank und ohne Wissen, ob ich überhaupt operiert werden würde. Nur konnte ich niemanden zuvor fragen. Fieber war weg, aber mir ging es echt mies. Nächsten Morgen ging es dann mit leicht dichter Nase und 38,5 Grad Temperatur ins Krankenhaus.

Dort gab ich sofort Bescheid, aber sie gaben trotzdem ihr OK.

Also wurde ich vorbereitet von zwei blutjungen Chirurgen die einem Modelkatalog hätten entsprungen sein können. Sorry aber in solch einer Situation will man nicht solch attraktive Männer!

Circa zwei Monate später erfuhr ich auch, dass der eine die eine Brust und der andere die andere Brust operiert hatte. Sie waren nämlich völlig unterschiedlich vernäht. Jedenfalls wurde ich dann genau 3 Stunden, nach langer und aufwändiger OP, aus dem Krankenhaus entlassen. Gnadenlos! Irgendwie hatte ich immer noch gehofft. Ich konnte noch nicht mal richtig stehen und sollte nun 5 Stunden im Taxi durchs einsame Hochgebirge. Ich war sehr wenig begeistert, auch wenn ich einen wahnsinnig lieben Fahrer hatte. Und schlussendlich kam es wie es kommen musste, mir drohte der Kreislauf weg zu bleiben. Ich sagte dem guten Mann nur noch das er sofort anhalten muss, was er auch sofort machte, und ich kippte in den Schnee. So hockte ich auf allen Vieren im kalten Schnee und atmete die eiskalte Luft mitten im einsamen Hochgebirge. Dies war aber die einzige Möglichkeit meinen Kreislauf wieder zu stabilisieren.

Hier überleben nur die Harten. Irgendwie schafften wir es noch bis nach Hause. Aber fragt nicht nach Sonnenschein, es ging mir wirklich, wirklich Hundselend! Mich schaltete es komplett die ersten zwei Wochen aus. Hatte mein Körper ja nicht nur die Baustelle Operationsnarben von gut 60 Zentimetern, sondern ja noch nebenbei die Erkältung. Da ich nach zwei Tagen aber wieder mein Kind versorgen musste, ein absoluter Traum. Konnte ich doch meine Arme nicht bewegen oder auch nur irgendwas. Das Ganze ist im Grunde so, als wenn man einmal den Busen in den Häcksler gehalten hätte und dann die Reste wieder zusammennähen tut. Hinzu kam das eigentlich die Arztpraxis hier vor Ort nach einer Woche die Tapes auf den Narben wechseln sollten und danach man selbst jede Woche. Dies taten sie aber nicht, da die Tapes ja noch so super hielten. Oh Wunder, waren diese mit dem getrockneten Blut und den Fäden wunderbar zusammengewachsen. Also gab es keine Narbenversorgung oder Pflege. Termin zur Nachkontrolle im Krankenhaus gibt es nach 6 Monaten. Super, so musste ich nach zwei Wochen da selbst ran. Die eine Seite hatte ich recht gut abbekommen, aber die andere Seite war fast chancenlos. So funktionierte ich das Kinderzimmer zur Arztpraxis um und Jan musste den Spiegel halten. Damit konnte ich im Liegen arbeiten und unter sterilen Bedingungen. Schlussendlich holte ich Petra per Videochat dazu. Ich brauchte jemanden zum Reden. Da sie aus der Pflege ist, wusste ich, dass sie das abkann und mich damit beruhigte. So brauchte ich eine volle Stunde, um das verdammte Tape von der einen Brust zu bekommen. Ich hatte die Schnauze voll! Als kleines Detail, draußen tobte der Schneesturm, wie sollte es auch anders sein. So hatten wir seit zwei Tagen nach der Operation durchgehend Schneesturm. Mein Spaß morgens war mein Auto freizubekommen, um Sønnei in den Kindergarten zu fahren, konnte ich ja meine Arme und Brustmuskulatur nicht bewegen.

Immerhin waren meine ganzen Mädels so lieb und wurden alle ebenfalls zwei Tage nach der Operation Läufig, so dass ich auch ohne Operation nicht mit ihnen hätte fahren können. Aber auch so hatten wir so viel Tiefschnee, dass es unmöglich gewesen wäre. Dies war immerhin ein kleiner Trost. Die Heilung ging jedenfalls unendlich langsam voran und ich hatte Schmerzen, die mich wahnsinnig machten. Meine Nippel brannten, als wären sie offen und man hätte Säure darauf gekippt. Heilige Scheiße!

Aber auch diese Zeit verging und nach 5 Wochen, wie sollte es anders sein, stand ich das erste Mal wieder auf dem Schlitten. Über Vernunft reden wir hier nicht!!! Ich fuhr nur eine kleine und einfache Runde, konnte ich mich nämlich nach wie vor kaum bewegen.

Trotzdem tat mir das psychisch einfach gut und meine Brust nahm davon auch keinen Schaden.

Trotzdem hoffe ich mit jeder Faser meines Körpers, dass mein Kind später ganz doll vernünftig wird, ein ganz langweiliges und vor allem ungefährliches Leben führen will. Räusper, hust, hust…

Das lasse ich jetzt hier mal so stehen.

Als Abschluss wäre zu sagen, dass es nach acht Wochen besser wurde, und jetzt nach genau drei Monaten zumindest das schlimmste überstanden ist. Aber abgeheilt ist es natürlich noch immer nicht. Jedoch war ich vor zwei Tagen auf einem Konzert von Blind Channel, die in Oslo in einem kleinen Pub spielten. Die noch blutjungen Männer haben die Bühne quasi brennen lassen und hatten zum Schluss selbst keine Lust aufzuhören. An diesem Abend habe ich jedenfalls meinen ersten so richtig schönen BH mit Spitze getragen und getanzt wie eine Wilde. Dies hat mir der Busen zum Glück auch nicht übelgenommen. Auch wenn ich danach doch noch froh war wieder meinen Sport-BH anzuziehen.

Als Fazit möchte ich auch noch sagen, dass ich gut zwei Monate gebraucht habe, um mich nur ansatzweise mit der neuen Brust anzufreunden. Plötzlich war da gefühlt nichts mehr und meine Güte war der Busen weit oben. Meine Nippel waren jetzt 15 Zentimeter höher als davor und griffen mich quasi an. Mit einem Schlag ging ich viel aufrechter, was meine gesamte Figur streckte und damit sogar schlanker machte, ohne dass ich abgenommen hatte.

Natürlich sah man die sofortige Verbesserung und das doch jüngere Erscheinungsbild. Trotzdem ist der Busen nicht mehr der Busen, mit dem man nun mal knapp 30 Jahre lang gelebt hat. Dies braucht erstmal Zeit und sollte in jedem Fall nicht unterschätzt werden.

Was hilft sind Vorher-Nachher-Bilder und manchmal sich den ersten so richtig schönen BH seines Lebens zu kaufen, auch wenn man ihn vielleicht noch gar nicht so lange anziehen kann.

Die restliche Wintersaison

Schlussendlich war aber in dieser Saison der Wurm drin. Denn auch unabhängig von meinem Ausfall konnte ich kaum, bis gar nicht, die Hunde trainieren. Selbst Einheimische, die vor 60 Jahren hier geboren wurden, philosophierten über die Verhältnisse. An Schnee mangelte es nicht, allerdings hatten wir ständig Wärmeperioden von 1-2 Wochen was das Fahren mit dem Schlitten unmöglich machte.

So verstrich die Zeit und es wurde Ostern, ja und wie sollte es anders sein, lag ich mit fetter Mandelentzündung flach. Allein zuhause, mit Kind, ohne ein Wort reden zu können oder irgendwie zu schlucken zu können. Draußen regnete es und ich war milde gesagt frustriert. Jedoch sollte es am Ostermontag und Dienstag Frost haben, so dass der Schnee dann trägt.

Nein wir reden hier im gesamten Buch nicht über Vernunft. So packte ich am Sonntagabend alle Sachen, um mit Sønnei und den Hunden zum Zelten ins Hochgebirge zu fahren. Wünschte sich mein Kind das schließlich so sehr. Ich konnte kaum stehen und reden war auch noch immer nicht so meins, aber was solls.

Mein Kind wird ganz normal, mein Kind wird ganz normal, mein Kind wird ganz normal. Ja, ja ich weiß, der Apfel fällt nicht weit vom Stamm. Aber man wird doch mal hoffen dürfen.

Wir fuhren nicht weit, weder ich noch die Hunde hatten schließlich in irgendeiner Art großartig Muskulatur, aber darauf kam es ja auch gar nicht an. Wir suchten uns ein schönes Plätzchen und machten es uns allen gemütlich. Sønnei war ganz in ihrem Element und nicht mehr zu bremsen.

Einfach Leben.

Leckerli Versorgung.

So sprangen wir durch die Gegend und suchten Trolle unter jedem großen Stein, an Bäumen und Büschen. Leider haben wir keinen gefunden. Aber wir werden nicht aufgeben und weiter nach ihnen Ausschau halten. So sollten wir doch unserer Fantasie freien Lauf lassen und wenn kleine Kinderseelen an die Magie der Natur und das Leben der Trolle glauben, so lange werden die Trolle weiter leben in ihrer geheimen Welt. Unter Steinen, in Höhlen und huch, ist da nicht doch gerade einer auf einem Blatt den Bach hinuntergefahren?

Die magische Welt. Mit „Halo" um die Sonne.

Grenzenlos.

Schneemangel war nicht das Problem.

Nach der Tour war mein Kind allerdings süchtig. Es gab kein anderes Thema mehr zuhause, als wann geht es wieder zelten? Da halfen auch keine Aussagen von wegen der Schnee trägt nicht, es regnet und so weiter. Na dann ziehen wir halt Gummistiefel an, so einfach ist das! Meine Frage was mit den Hunden dann ist, dann bekommen die eine Jacke an. Auch mein Einwand das sie aber ein Dach bei dem Wetter über dem Kopf bräuchten, wurde abgeschmettert mit, dann sollen die halt alle mit ins Zelt, Basta!

Ich musste so lachen, immerhin wäre uns bei der Anzahl von Hunden auch nicht kalt geworden.

So machten wir Pläne wo es alles im Sommer hingehen sollte und ich fing schon mal an im norwegischen Gebrauchtmarkt diverse Ausrüstung zu kaufen die uns noch fehlte. Vorfreude ist schließlich die größte Freude. Jedoch sollten wir vor einer Woche nochmal das Glück haben mit dem Schlitten und den Hunden eine weitere Zelt-Tour machen zu können. So ging es an den See Store Førsvatn. Was mich ein wenig Schmunzeln ließ, denn um genau zwei Tage versetzt waren wir hier vor genau zwei Jahren das erste Mal gemeinsam mit dem Hundegespann zum Zelten gewesen. Damals war Sønnei noch nicht einmal zwei Jahre alt gewesen und wir hatten minus 10 Grad. Allerdings glücklicherweise ohne Wind, was diesmal leider uns nicht vergönnt war. Wir fanden aber ein schönes Plätzchen und schlugen unser Zelt an der Kante von einem kleinen See, beziehungsweise eines Zulaufes des Store Førsvatn auf. Die Hunde konnte ich auf einer kleinen Fläche daneben im Grünen fest machen. So konnten sie gemütlich im Moos schnüffeln und schlafen. Sie tarnten sich fast ab. Hinzu kam, dass auch ich und Sønnei uns gut dort zum Spielen auf die Steine oder ins Moos setzen konnten, ohne dass wir immerzu im Schnee hocken mussten, was einem die Feuchtigkeit doch irgendwann durch die Hose drückt. So verflog auch dieses Wochenende und mein Kind war untröstlich als es wieder nach Hause gehen sollte. Dort angekommen weigerte sie sich erstmal aus dem Auto auszusteigen und wollte umgehend zurück in die Berge. Als sie dann irgendwann rauskam, durfte ich nicht die Ausrüstung ins Haus tragen. Mein kleiner Wildfang, mein Outdoormädchen. Bleib so wie du bist und erlebe deine wilden Abenteuer, die dir das Leben bieten wird.

Das Paradies.

Und manchmal steht die Welt einfach still und man muss einfach richtig hinhören. Wir sind im Alltag oft viel zu sehr beschäftigt Dingen hinterherzulaufen, ohne einfach mal anzuhalten und zu atmen.

Ich weiß, ich arbeite selbst daran. So beende ich das Buch mit den Worten meiner Mama, die sie sagte, als ich zu einer meiner vielen Reisen aufgebrochen bin: „Kind nimm dir die Zeit und setz dich auf einen großen Stein und atme."

Freiheit.

Vollgas.

Das einfache Leben.

Es ist sogenannte „Qualitätszeit" die unbezahlbar ist.

Jetzt ist aber wirklich Schluss.

Somit nutze ich die Möglichkeit und versuche noch ein wenig Liebe in die Welt zu senden.

Ob das die Trolle so haben wachsen lassen? Wir wissen es nicht, vielleicht saßen sie gerade in diesem Augenblick kichernd hinter dem Stein…